AF475025

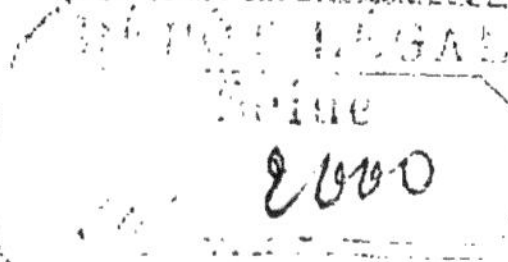

DES

NERFS VASO-MOTEURS

GANGLIONNAIRES

ANATOMIE, PHYSIOLOGIE, PATHOLOGIE, THÉRAPEUTIQUE

PAR

LE Dr A. BORDIER

ANCIEN INTERNE DES HÔPITAUX,
MEMBRE DE LA SOCIÉTÉ ANATOMIQUE,
MEMBRE DE LA SOCIÉTÉ MÉDICALE D'OBSERVATION,
MÉDAILLE DU CHOLÉRA (1866).

PARIS
LOUIS LECLERC, LIBRAIRE-ÉDITEUR
RUE DE L'ÉCOLE-DE-MÉDECINE, 14

1868

A M. LE Dr GUBLER

MÉDECIN DE L'HÔPITAL BEAUJON,
MEMBRE DE L'ACADÉMIE IMPÉRIALE DE MÉDECINE,
CHEVALIER DE LA LÉGION D'HONNEUR.

(Internat 1866).

Permettez-moi, mon cher maître, de vous dédier ce travail; si l'élève est indigne du maître, l'affection et la reconnaissance du premier sont à la hauteur des bontés et de la bienveillance du second.

DES NERFS VASO-MOTEURS GANGLIONNAIRES

ANATOMIE, PHYSIOLOGIE, PATHOLOGIE, THÉRAPEUTIQUE

> Illa tibi est igitur verborum copia cassa
> omnis quæ contra sensus instructa parata est.
> (LUCRÈCE, liv. IV.)

> Les hommes se tromperont toujours quand ils abandonneront l'expérience pour des systèmes enfantés par l'imagination.
> (*Système de la nature.*)

INTRODUCTION

Lorsqu'en 1727, Pourfour du Petit, après avoir coupé le filet cervical du grand sympathique chez un animal, constata la contraction de la pupille et la congestion de l'œil, un grand fait venait d'être observé, qui devait avoir une grande influence sur la marche ultérieure de la médecine. Mais, comme cela se rencontre presque toujours dans l'histoire des sciences, ce germe à sa naissance ne rencontrait pas le terrain où il devait se développer ; cette matière première de la science n'avait pas trouvé l'ingénieux artisan qui devait, pour ainsi dire, l'analyser et en retirer tout ce qu'elle portait d'enseignement.

A M. Claude Bernard était réservé ce rôle supérieur à

la priorité même. Cette célèbre expérience répétée par l'éminent physiologiste et d'autres que j'aurai à signaler dans le cours de ce travail, ont donné cours à une théorie, aujourd'hui bien connue, sous le nom de *théorie des vaso-moteurs*.

Comme toutes les théories à longue portée, elle a ses partisans, elle a ses détracteurs également aveugles.

Le recours qu'on a si souvent à elle d'une façon banale, n'a pas manqué comme toutes les exagérations de la discréditer auprès de certains esprits sévères ; enfin la demi-notion des principaux points de la théorie n'a pas laissé que d'amener un certain vague sur sa valeur.

C'est dans le but d'indiquer ses origines, son état actuel, ses résultats acquis et à acquérir que j'ai entrepris ce travail.

Sous le nom de système *vaso-moteur* ou *vasculo-moteur*, on entend l'ensemble si considérable des filets du grand sympathique, qui se distribuent aux vaisseaux tant artériels que veineux, et dont les variations locales donnent lieu à des états locaux de congestion ou d'anémie, en rapport avec l'augmentation ou la diminution du calibre des vaisseaux.

Mais les filets du grand sympathique ne se distribuent pas également aux artères grosses et moyennes ou aux veines, puisque les fibres musculaires sont plus développées dans les artères que dans les veines, plus développées dans les artères moyennes que dans les grosses ; ces filets sympathiques ne vont pas seuls dans la tunique moyenne des vaisseaux, puisqu'on rencontre aussi dans ces organes des filets nerveux directement émanés de l'axe cérébro-spinal.

On devrait donc entendre par système nerveux *vaso-*

moteur l'ensemble des filets nerveux cérébro-spinaux et sympathiques qui se distribuent aux vaisseaux.

L'usage est autre et nous nous y conformerons ; nous le ferons d'autant plus volontiers, qu'à notre avis, le grand sympathique joue un rôle bien plus considérable dans les phénomènes de contraction vasculaire que le système cérébro spinal. Les vaisseaux sont d'ailleurs pourvus de fibres musculaires lisses, et je crois que la plupart des phénomènes que présente le système vasculaire peuvent s'expliquer par la galvanisation ou la paralysie des filets du grand sympathique, sans admettre une dilatation active des vaisseaux, due à l'intervention de l'élément cérébro-spinal.

Je m'occuperai donc uniquement ici des nerfs *vaso-moteurs* sympathiques ; mais isoler l'étude des filets vasculaires du grand sympatique est, il faut l'avouer, aussi contraire à l'anatomie qu'à la physiologie.

En connexion intime les uns avec les autres, ces deux ordres de nerfs sympathiques sont soumis aux mêmes lois comme aux mêmes variations fonctionnelles.

L'étude des nerfs vaso-moteurs m'amène donc à l'étude du grand sympathique, et me voilà bien loin de mon point de départ ou plutôt entraîné dans un champ bien plus vaste que celui que je m'étais proposé tout d'abord de parcourir.

Je ne le ferai donc à coup sûr qu'incomplètement, pressé d'ailleurs par des circonstances particulières d'achever ce travail ; et je m'occuperai du grand sympathique, surtout au point de vue de ses fonctions vaso-motrices.

Si l'idée de la théorie des vaso-moteurs est neuve dans la science des faits positifs et précis, si maintenant, quoique depuis peu, elle a cessé d'appartenir au domaine des hypothèses, elle avait du moins depuis longtemps été pressentie par quelques-uns de ces esprits qui dépassent la limite des faits acquis à leur temps, et à qui il est donné de jeter dans leurs écrits certains pressentiments d'un avenir encore lointain que leur génie leur a, pour ainsi dire, fait entrevoir.

Bichat n'avait pas laissé échapper le rapport constant des vaisseaux avec le système nerveux ganglionnaire : « Il est, dit-il, trop général, pour ne pas tenir à quelque grand but des fonctions de l'économie. » Remontons plus loin encore : que sont ces expressions, aujourd'hui quelque peu surannées et quelques-unes, un peu vitalistes, de *forces congestives, raptus sanguinis, molimen hemorrhagicum?* N'y retrouve-t-on pas déjà les vagues linéaments de la théorie des vaso-moteurs ? Ces expressions ne renferment-elles pas en germe l'idée de l'indépendance locale de la circulation opposée à l'unité du moteur général? Qu'étaient la *sthénie* et l'*asthénie*, le *strictum* et le *laxum?* Par ce seul souvenir du passé j'ai déjà rappelé, aux yeux de ses détracteurs, les griefs de la théorie que j'expose.

Ces derniers croient voir apparaître de nouveau ces dichotomies artificielles avec leurs corollaires thérapeutiques : les *stimulants* et les *controstimulants;* ils redoutent à bon droit cette nosologie trop scolastique qui paie la prétention de s'appliquer à tous les faits généraux, de l'échec de ne s'appliquer à aucun fait particulier.

Telle est la pierre d'achoppement de toutes les lois artificielles qui prétendent à trop généraliser.

Tel est l'écueil de tous les systèmes, telle est la cause qui interdit au meilleur d'approcher de la perfection. Aussi ne faut-il les prendre que pour ce qu'ils sont, servant à l'étude, plus qu'ils ne reproduisent fidèlement la nature. Il n'en est pas moins vrai que la dichotomie existe jusqu'à un certain point dans les fonctions naturelles : l'une d'elles étant donnée par la physiologie ne pourra se dévier, rentrant ainsi dans la pathologie, que de deux seules manières : l'excès ou la diminution, poussée au besoin jusqu'à l'absence ; ὕπερ ou ὑπὸ. Il n'en n'est pas moins vrai que, dans l'espèce, la congestion ou l'anémie, l'augmentation ou la diminution du calibre des vaisseaux sont l'expresion à laquelle peuvent se réduire la plupart des phénomènes soumis au physiologiste et par suite au pathologiste.

Dans les deux cas le système nerveux est l'agent primordial.

« Le système nerveux, dit Cl. Bernard, est l'appareil organique qui sert constamment d'intermédiaire à toutes les réactions qui se passent entre les liquides. » C'est à lui que doit d'abord s'adresser le thérapeutiste ; mais, c'est à la condition qu'au lieu de se borner à connaître les lois naturelles qui régissent les fonctions organiques, il apprendra comment, avec ces lois, on peut modifier ces fonctions ; c'est à la condition qu'à la médecine expectante succédera la médecine expérimentale, dont l'époque a été amenée par l'avancement récent des sciences de l'organisme. Loin de moi la pensée de regarder comme non avenue l'œuvre péniblement acquise par nos devanciers ; mais loin de moi aussi l'idée qu'il faille suivre aujourd'hui la même voie. Une seconde période doit s'ouvrir avec l'aide des sciences expérimentales ; elle sera le couronnement de la première qui a été la période d'observation : c'est nous qui sommes les anciens, a dit Pascal, parce que nous avons amassé les résultats de l'expérience des siècles, et ceux que nous appelons de ce nom représentent la jeunesse du monde avec toutes les illusions, les faiblesses, que comportent les débuts de l'humanité.

Cette période expérimentale, basée sur les progrès de la physiologie moderne, peut dégager la thérapeutique d'un empirisme, qui a pu être utile en son temps et inaugurer pour cette dernière science une voie nouvelle dont mon affectionné maître, M. Gubler, vient de tracer le plan dans la préface de ses commentaires thérapeutiques du Codex. Voie nouvelle où le médecin, doublement éclairé sur les fonctions intimes de l'organisme et sur l'action physiologique des médicaments, pourra sans danger tenter les hardiesses de la médecine agissante, tout en restant fidèle au *Primo non nocere* de la médecine expectante.

ANATOMIE.

Bien qu'aujourd'hui admise et comprise par tout le monde, l'expression de grand sympathique a l'inconvénient de préjuger la spécialité à ce système d'un certain nombre de phénomènes dits sympathiques, spécialité faussement attribuée, qui suffirait à faire rejeter l'expression, si l'usage en pareille matière et la valeur qu'une convention tacite accorde à un mot n'étaient les gardiens suffisants de sa conservation : l'expression de système nerveux ganglionnaire, plus conforme à ce que nous apprend l'anatomie, a l'avantage de ne refléter aucune hypothèse et me paraît en conséquence devoir être préférée.

Bichat est l'auteur de la division tranchée qu'on a faite pendant si longtemps entre le système nerveux ganglionnaire et le système cérébro-spinal.

Regardant le premier comme le point de départ des

fonctions organiques ou de nutrition, il voyait dans le second le centre des fonctions de la vie animale ou de relation. Il avait basé toute une série de considérations philosophiques sur cette division ainsi que sur *l'asymétrie* des organes soumis à l'empire du premier système et la *symétrie* des organes soumis à celui du second. Reil partageait les mêmes idées.

Guidés par l'anatomie Remak, Bidder, Volkmann, sont arrivés à des conclusions moins tranchées à coup sûr, mais suffisantes pour laisser persister dans l'esprit l'indépendance des deux systèmes. Cependant, malgré les différences incontestables qu'elle nous révèle entre le système ganglionnaire et le système cérébro-rachidien l'anatomie nous montre l'analogie de composition générale : tous deux renferment des fibres provenant de la moelle ou du cerveau et des fibres ganglionnaires, le rapport de ces éléments établit seul les caractères particuliers à chacun ; le système ganglionnaire présente un nombre bien plus considérable de ganglions et de fibres ganglionnaires. Certains nerfs crâniens, le pneumogastrique par exemple, peuvent même à ce point de vue être considérés comme établissant une sorte de transition entre les deux; enfin, les anastomoses sont plus multipliées dans le système ganglionnaire que dans le système cérébro-spinal.

La physiologie montre encore mieux l'analogie dés deux ordres de nerfs : elle nous apprend que les nerfs ganglionnaires perdent leurs propriétés à mesure qu'ils perdent leurs connexions avec l'axe cérébro-spinal; un certain nombre des impressions du système ganglionnaire sont *senties;* elles remontent donc jusqu'aux hémisphères cérébraux; enfin la physiologie expérimentale nous montre dans le curare un agent également destructeur de la motilité dans l'un et dans l'autre système.

Quoi qu'il en soit, si la parité presque absolue de structure amène entre les deux la parité presque absolue des fonctions, il n'en est pas moins vrai qu'une certaine inégalité dans ces dernières doit être la conséquence d'une inégalité correspondante dans la nature et l'agencement de leurs éléments anatomiques.

Je ne ferai que rappeler en deux mots la disposition générale du système nerveux ganglionnaire. La description plus détaillée que j'en pourrais faire ne serait qu'une reproduction imparfaite des descriptions qui se trouvent dans les *Traités d'anatomie* de M. Cruveilhier ou de M. Sappey ; je n'insisterai donc que sur certains détails peut-être encore peu classiques et que sur les notions particulièrement nécessaires à l'étude des fonctions vaso-motrices du système ganglionnaire : ce système nerveux présente une double chaîne dont chaque partie repose à droite et à gauche sur la colonne vertébrale ; chacune des moitiés envoie à l'autre de nombreuses branches, qui, rencontrant les branches symétriques venues du côté opposé, forme sur la ligne médiane une série de nombreux plexus. A chaque extrémité, les deux chaînes se réunissent, formant un système asymétrique, pour la tête et le bassin.

Des filets nerveux unissent le système ganglionnaire à l'une et à l'autre racine des nerfs rachidiens ; ils ont reçu le nom de racines du nerf et montrent la double fonction : motrice et sensitive du grand sympathique ganglionnaire. Des filets unissent le grand sympathique aux organes qui le reçoivent. Ils ont reçu le nom de branches, expressions purement anatomiques ; car en réalité les racines seraient plutôt les filets sensitifs, qui amènent au centre les impressions centripètes et les branches les filets moteurs qui renvoient à la périphérie les excitations centrifuges.

Les véritables racines sont, comme pour les autres nerfs, dans l'axe cérébro-spinal lui-même.

Chossat a montré que la section de la moelle à différentes hauteurs amenait la paralysie vaso-motrice et par suite l'élévation de la température de l'intestin. Pour Bourgery, la terminaison apparente du grand sympathique sur les artères cérébrales serait une origine, un appareil nerveux viscéral propre à la masse encéphalique. De là ces filets se rendraient à la glande pituitaire, qu'il considère, avec de Blainville, Thierry et Bazin, comme un ganglion du grand sympathique, sorte d'intermédiaire entre l'encéphale et les nerfs splanchniques. Cette opinion est loin d'être démontrée. Quant à la manière dont cheminent les branches ganglionnaires dans la moelle, la physiologie, qui peut ici jeter au moins autant de lumière que les recherches anatomiques, nous apprend que la disposition de ces filets dans la moelle varie selon les régions auxquelles ils appartiennent.

Les expériences de Brown-Séquard et de Bézold semblent démontrer que les filets sympathiques des membres inférieurs ne subissent pas d'entre-croisement : Brown-Séquard, après avoir pratiqué la section d'une moitié de la moelle vers le milieu de la région dorsale, constata une paralysie vaso-motrice se traduisant par une augmentation de température dans le membre du côté correspondant. Des sections semblables, pratiquées à diverses hauteurs, ont conduit Bézold aux mêmes conclusions relatives aux membres postérieurs ; mais des recherches du même genre, qu'il a faites sur les nerfs vaso-moteurs des membres antérieurs et du tronc, l'ont au contraire amené à conclure à l'entre-croisement dans la moelle des branches vaso-motrices de ces parties.

Les expériences qu'a pratiquées Schiff dans cette direction l'ont amené à des conclusions qui ne sont pas les mêmes pour les différentes parties d'un même membre. Selon lui, les nerfs vaso-moteurs des parois abdominales, de la région pelvienne, de la cuisse et de la partie supérieure de la jambe subissent un entre-croisement complet dès leur entrée dans la moelle. Il n'en est plus de même pour la partie inférieure de la jambe et pour le pied, dont les vaso-moteurs remontent sans entre-croisement dans la moitié correspondante de la moelle. Il a constaté une disposition analogue pour l'épaule, le bras, la partie supérieure de l'avant-bras ; sa partie inférieure et la main ; il est arrivé aux mêmes résultats pour les vaso-moteurs de la face. Cette particularité anatomique dévoilée par la méthode expérimentale pour la main, le pied et la face, cette autre particularité que présentent ces organes d'offrir une grande élévation de température dans la fièvre, ont fait supposer à M. Schiff que les nerfs vasculaires de ces parties forment un groupe à part.

Cette opinion me semble plutôt justifiable par l'expérience qu'il a pratiquée que par la considération pathologique qu'il allègue : rien de plus variable que la température de la face et surtout des mains au milieu d'une élévation générale et constante de la température sous l'influence de la fièvre; et cela pour des causes multiples, qu'il faut chercher dans un tout autre ordre d'idées.

Entre-croisés ou non dans leur trajet médullaire, jusqu'où remontent les vaso-moteurs des membres et des parois du tronc ? M. Schiff donne la moelle allongée comme le point de réunion des nerfs vaso-moteurs de tout le corps.

Mais si quelques-uns ont peut-être en ce point leur véritable origine, il en est pour qui la moelle allongée n'est qu'un lieu de passage déjà éloigné de leur point de départ : Schiff a pu suivre les vaso-moteurs des organes abdominaux dans les couches optiques et les pédoncules cérébraux. C'est de là que ces filets, se mettant en rapport avec les autres dans la moelle, allongée descendraient dans le canal antéro-latéral en s'éloignant les uns des autres, quitteraient enfin la moelle en traversant les ganglions du cordon spinal, pour se terminer en dernier lieu sur les vaisseaux des organes abdominaux. — A l'appui de l'origine cérébrale des vaso-moteurs des organes abdominaux, on peut citer l'observation faite en 1841, par Valentin, de l'exagération des sécrétions intestinales à la suite de certaines lésions cérébrales. — Schiff lui-même, en 1844, a montré qu'on pouvait produire, par un grand nombre de lésions cérébrales, la paralysie vasomotrice des vaisseaux de l'intestin et surtout du foie.

Du reste, la disposition de ces nerfs, et cela est important à connaître dans les expérimentations physiologiques, varie d'une espèce à une autre, quelquefois même dans la même espèce. C'est là en grande partie la cause des divergences de point en point, qui séparent les physiologistes sur une même expérience. Chez les grenouilles, par exemple, l'origine des nerfs vaso-moteurs de l'œil et du muscle redresseur de cet organe a été trouvée par M. Liégeois dans les tubercules optiques. Leur entre-croisement se fait, suivant cet anatomiste, au devant de ces tubercules, et ils arrivent aux vaisseaux de l'œil après avoir traversé le bulbe, sans entrecroisement nouveau.

Les vaso-moteurs des membres et de la langue naissent également des tubercules optiques, mais sans entrecroisement. De sorte que l'ablation d'un tubercule optique chez cet animal donne lieu, suivant M. Liégeois, à des phénomènes de paralysie vaso-motrice alterne ; en d'autres termes, on observe la paralysie vaso-motrice de l'œil opposé, et celle du membre correspondant à la lésion.

M. Jacubowitsh a trouvé les cellules pour lui caractéristiques du système sympathique entre les cornes antérieures et postérieures de la substance grise, surtout au voisinage de la commissure postérieure.

Il les a retrouvées dans la substance corticale du cerveau et du cervelet. Du reste voici comment il comprend la réunion de ces éléments : dans toute la longueur de la moelle, au voisinage de l'épendyme, existe la substance grise ganglionnaire.

Arrivées au plancher du quatrième ventricule, les fibres végétatives se séparent ; quelques-unes d'entre elles se rendent aux vaisseaux du foie et du rein. Du quatrième ventricule, il a suivi les autres dans le troisième, et de là dans les couches optiques et les corps striés, où, par l'intermédiaire de cette partie de l'encéphale, elles se mettent en rapport avec les cellules sympathiques de la subtance corticale du cerveau.

Comme l'indique son nom, un des caractères du système nerveux qui nous occupe est l'existence extrêmement multipliée de ganglions sur le trajet des fibres nerveuses : à la partie céphalique du grand sympathique appartiennent les ganglions *ophthalmiques, sphéno-palatin, otique, sous-maxillaire, sublingual* qui, reliés au grand sympathique par les filets du ganglion cervical supérieur, le sont au système cérébro-rachidien par les nerfs sensitifs ou moteurs crâniens sur le trajet desquels ils se trouvent; mêmes connexions pour les nombreux ganglions *cervicaux, thoraciques, abdominaux*, dans les autres parties du système ganglionnaire.

Outre ces ganglions relativement assez volumineux, on trouve en outre partout où pénètrent les divisions du système ganglionnaire de petits ganglions parfois rudimentaires, dont la structure et les fonctions sont partout identiques :

W. Manz chez les oiseaux a trouvé sur la face externe de la couche musculaire de l'uretère de petits ganglions réunis entre eux par des filets nerveux.

Il a trouvé le même élément dans les parois du canal déférent, ainsi que du canal cholédoque.

Cette découverte a été la confirmation des observations déjà faites par MM. Cl. Bernard et Brown-Séquard : ces physiologistes avaient constaté sur ces canaux la production de mouvements rhythmiques rappelant jusqu'à un certain point ceux du cœur. La tunique musculeuse de l'intestin est également pourvue de ces petits appareils ganglionnaires, source des mouvements péristaltiques. Ils y ont été découverts par Meissner. Auerbach en a découvert d'autres, dont la série s'étend depuis le duodénum jusqu'au rectum.

Dans le cœur, de petits ganglions microscopiques ont été vus par Remak. On en trouve en outre dans les plexus caverneux; Julius Arnold a découvert des formations ganglionnaires dans les poumons de la grenouille. M. Robin a constaté l'existence de petits ganglions accolés aux vaisseaux sanguins, surtout au niveau de leurs anostomoses. Remak en a découvert dans les parois des bronches et du larynx, dans la substance de la langue. Le ganglion peut, dans certains cas, être représenté par une simple cellule.

Un des caractères de l'organisation du système ganglionnaire est l'existence en dehors des tubes larges et des tubes minces qui sont propres aussi au système cérébro-spinal, de tubes sans moelle, connus sous le nom de l'anatomiste qui les a signalés, Remak. D'après la plupart des micrographes, ils ne contiennent ni moelle, ni *cylinder axis,* on les considère comme une fibre nerveuse restée à l'état embryonnaire ; je n'entrerai pas dans les discussions auxquelles a donné lieu la nature supposée celluleuse de la fibre de Remak ; son existence comme élément nerveux paraît aujourd'hui reconnue de tous les anatomistes.

Quant à la cellule ganglionnaire du grand sympathique, M. Robin la distingue de la cellule ganglionnaire sensitive en ce que la première est petite, ovoïde, tandis que la seconde est grosse, sphérique. Pour M. Robin, la cellule sympathique est toujours bipolaire ; les recherches d'un grand nombre d'anatomistes ont confirmé cette assertion, celles par exemple de M. Wagner, de Schroëder van der Kolk, de M. Luys. Tout en constatant l'existence de la cellule bipolaire, plusieurs de ces anatomistes ont cependant trouvé au milieu de ces dernières un plus ou moins grand nombre de cellules multipolaires. Selon M. Polaillon, les cellules multipolaires seraient même uniquement en relation avec les tubes minces sympathiques. Des recherches de M. Polaillon sur les ganglions nerveux, il résulterait en outre pour les ganglions sympathiques une structure différente de celles des ganglions sensitifs. Outre qu'ici, les petites cellules prédominent, elles sont séparées les unes des autres par des espaces qui égalent au moins leur diamètre. Ces intervalles sont comblés par des tubes nerveux sympathiques, des fibres de Remak, et un abondant tissu lamineux formant des cloisons où se trouvent les vaisseaux. Du reste la proportion des diverses sortes de cellules sympathiques paraît varier selon les ganglions où on les observe. Il en est de même pour les diverses espèces de fibres dans les filets nerveux : selon M. Vulpian, les filets nerveux de la prostate, du cœur, du foie, et surtout du rein, sont presque exclusivement constitués par les fibres de Remak. Dans le tissu érectile des corps caverneux, M. Legros n'a trouvé que les fibres de Remak. L'auteur insiste sur ce fait, qu'il donne comme preuve en effet très-probante de l'action d'un seul ordre de nerfs sur la contraction et la dilatation des vaisseaux.

Même variété dans le mode de terminaison des fibres ganglionnaires dans les organes : nulle part on ne constate la présence de la plaque motrice décrite aux terminaisons des filets moteurs cérébro-spinaux. M. Vulpian a constaté la présence fréquente d'une seule cellule à l'extrémité terminale.

Jacubowitsch dit que tous les nerfs sympathiques viennent se terminer dans une seule cellule unipolaire. Chez la grenouille, Julius Arnold a constaté la terminaison du tube nerveux sympathique dans le nucléole même qu'il considère comme la terminaison du cylinder axis.

D'après Kölliker, dans les corpuscules de Pacini, dans le cœur et sur les vaisseaux mésentériques de la grenouille, les nerfs se terminent par des extrémités libres. Pappenheim décrit des anses terminales dans les nerfs du rein. M. Ordonez a vu dans les artères du cerveau, du cervelet, de la moelle, du péritoine et de l'iris les nerfs sympathiques se terminer en *pointe*. M. Gimbert a constaté la même disposition dans la membrane interdigitale et dans le mésentère de la grenouille ; ce dernier auteur n'a trouvé dans les vaisseaux que l'élément de Remak, nouvelle preuve de la suffisance du grand sympathique au fonctionnement physiologique des parois vasculaires.

Ainsi constitués, les nerfs ganglionnaires se distribuent partout où ils doivent rencontrer la fibre musculaire lisse, c'est-à-dire dans les uretères, la vessie, le canal déférent, les vésicules séminales, les trompes, l'utérus, l'intestin, etc.; enfin aux vaisseaux et principalement aux artères. On sait quelle union existe partout entre ces vaisseaux et les nerfs ganglionnaires généralement appuyés sur eux dans leur trajet.

Dans cette distribution à tant d'organes différents, le système nerveux ganglionnaire est pour ces organes la cause de plus d'une affinité physiologique ou pathologique que nous aurons occasion de signaler chemin faisant. Qu'il me suffise de signaler entre autres phénomènes analogues, l'ictère et la pâleur de la face *ab ira*, tous deux consécutifs à la galvanisation du grand sympathique des voies biliaires ou des vaisseaux de la face. Admise autrefois par Haller, niée par Bichat, Berzélius et Magendie, la contractilité artérielle est admise aujourd'hui par tout le monde, surtout dans les artères moyennes et petites où l'élément musculaire de la tunique moyenne est incomparablement plus développé que dans les grosses. Soupçonnée par Laënnec, la sensibilité artérielle n'est pas très-généralement admise, elle a été cependant constatée par M. Colin sur les artères viscérales; l'existence de fibres sensitives dans la composition des filets ganglionnaires, plusieurs phénomènes réflexes tant physiologiques que pathologiques rendent d'ailleurs cette opinion très-admissible.

La contractilité des capillaires est loin d'être aussi généralement admise que celle des artères. Il serait bon d'ailleurs d'être fixé sur ce qu'on entend au juste par vaisseaux capillaires. M. Béclard fait remarquer que ce qu'on a souvent dit de la contractilité des capillaires doit s'entendre des petits vaisseaux. Or, d'après Henle, les plus gros capillaires qui ont 0^{mm},060 à 0^{mm},120 de diamètre ont trois tuniques ; ils ne diffèrent donc guère des petits vaisseaux, et M. Gimbert a pu suivre les fibres de Remak jusque dans leur paroi : dans les capillaires de 0^{mm},030 à 0^{mm},060 de diamètre, la tunique moyenne n'est plus qu'à l'état rudimentaire, on n'y trouve plus que quelques noyaux transversaux. Les partisans de cette opinion que la contractilité s'arrête là où cesse complétement d'exister la tunique moyenne, peuvent donc accorder à ces vaisseaux un dernier vestige de contractilité. Bichat, du reste, qui n'admettait pas la contractilité des artères, croyait à celle des capillaires, et Broussais regardait ces vaisseaux comme une sorte de cœur périphérique. Quant aux derniers capillaires qui n'ont plus que 0^{mm},007 à 0^{mm},030 de diamètre, la nature hyaline de leur tunique leur a fait refuser par un grand nombre d'auteurs la propriété contractile ; plusieurs autres au contraire s'inscrivent contre cette assertion : Stricker de Vienne a vu se produire sur les capillaires une série de nodosités simulant une sorte de contraction vermiculaire ; il admet donc la contractilité des capillaires, il regarde cette propriété comme inhérente à leur tissu, substance organique à laquelle il donne le nom de *protoplasma*. Cette substance est regardée d'ailleurs par MM. Schültze, Hœkl et Brücke, comme de nature contractile. Sans entrer dans plus de détails sur la nature de ce que l'auteur allemand désigne sous le nom de protoplasma, on ne peut s'empêcher d'y voir l'analogue du tissu que Dujardin chez les Rhizopodes a décrit sous le nom de *sarcode*, et de la propriété que j'appellerai protéique décrite par Bory de Saint-Vincent, chez les infusoires auxquels il a donné en conséquence le nom d'amibes (ἀμοιϐὴ changement). Depuis longtemps j'ai entendu professer cette manière de voir à M. Gubler dans son enseignement oral : « Il est impossible, dit M. Cl. Bernard, de faire une distinction complète entre les différentes espèces de mouvements que possèdent les êtres vivants..... Toutes les substances contractiles ne sont que les degrés divers d'une même substance, et tous ces mouvements des variétés d'un mouvement unique dans son essence. » Le sarcode n'est du reste, d'après le professeur du Collége de France, que quelque chose d'analogue à ce qu'on a appelé tissu cellulaire contractile. Comme dernière preuve de cette distribution à plusieurs éléments divers de la propriété contractile, on peut citer le cœur du petit poulet, qui, au moment où il commence à battre après quelques heures d'incubation n'a pas encore de fibres et est très-analogue au sarcode. Comment et par quel élément cette propriété contractile est-elle mise en jeu? S'il est impossible pour les capillaires à structure hyaline de prouver l'intervention nerveuse, pour ceux dont la structure est plus compliquée, on peut dire avec M. Longet : « Les nerfs des capillaires sont les mêmes que pour les artères; si le scalpel ne peut les suivre assez loin, l'expérimentation physiologique a révélé leur existence. »

PHYSIOLOGIE.

Les renseignements fournis par l'anatomie demeureraient à tout jamais lettre morte, si la physiologie, variant à l'infini les conditions expérimentales, ne venait chercher la fonction, c'est-à-dire la vie, dans ces organes dont le scalpel ou le microscope n'a pu saisir que les dispositions relatives. Mais la variété des opinions des expérimentateurs, consécutive à la variété même des expériences, seul critérium de la vérité qui est le but unique où mènent seuls les bons chemins, fait de l'étude critique de la physiologie des vaso-moteurs une tâche ardue, dont la précision dans la notion de chacun des points du sujet n'est pas toujours la récompense.

Glisson, au XVIIe siècle, proclamait les vaisseaux contractiles, Willis et Haller admettaient déjà l'influence du système nerveux sur les changements de calibre des vaisseaux, mais, explication toute mécanique, ils croyaient que c'étaient les mailles mêmes du tissu nerveux qui se reserraient sur ces organes.

Sénac allait trop loin dans le sens aujourd'hui suivi par la théorie moderne : pour lui, les artères sont de véritables cœurs ; elles ont les mêmes mouvements de contractions et de dilatations alternatives se succédant sans cesse ; ce qui tient, dit-il, à ce que « des nerfs sans nombre se distribuent aux fibres contractiles des vaisseaux. » Magendie démontra la contractilité des vaisseaux par la section du pneumogastrique immédiatement suivie de congestion pulmonaire. En 1840, Henle et B. Stilling admirent l'influence du système nerveux ganglionnaire sur la contractilité vasculaire ; c'est Stilling qui proposa de donner aux filets nerveux, qui sont les agents de cette fonction, la dénomination de nerfs vaso-moteurs ; M. Cl. Bernard propose celle de vasculo-moteurs.

Ainsi que je l'ai dit, c'est de 1727 que date la première des expériences fondamentales entreprises sur le système vaso-moteur : la section du grand sympathique cervical. Répétant cette expérience, Dupuy en 1816, Brachet en 1837, John Reid en 1838, arrivent comme lui à constater : le rétrécissement de la pupille, la rougeur de la conjonctive, l'enfoncement de l'œil dans l'orbite, et, chez certains animaux, la projection de la troisième paupière au devant de l'œil. Biffi de Milan, en 1846, voit la dilatation pupillaire succéder à la galvanisation du bout periphérique du grand sympathique cervical sectionné. Enfin, en 1852, M. Cl. Bernard lit à l'Académie des sciences le résultat de sa propre expérimentation sur le grand sympathique cervical; il y met en lumière ce grand point qui devait être si fécond en applications pathologiques, de l'élévation de la température dans les parties correspondant au nerf sectionné : tandis que la température du côté sain était de 31° centigrades, celle du côté opéré était de 37°. L'expérience est reprise en même temps en Allemagne, en Angleterre et en Amérique par Budge, Waller et Brown-Séquard. M. Cl. Bernard montre que l'élévation de température est due à la dilatation des vaisseaux sous l'influence de la section du grand sympathique; cette dilatation permet l'abord d'une plus grande quantité de sang, et par suite d'une plus grande abondance de calorique. Cela est si vrai que la déperdition de chaleur devient aussi plus grande : Van der Beke Callenfels fit la section chez un lapin des deux côtés, et il put s'assurer que la quantité de chaleur perdue en un temps donné était plus considérable chez l'opéré que chez un autre lapin du même âge et du même volume dans des conditions physiologiques normales; aussi les animaux soumis à cette opération résistent-ils moins que d'autres à l'inanition. Cette élévation de température dans la région operée est constante et durable : Van der Beke l'a constatée 120 et 150 jours après l'opération. Kussmaul et Tenner ont prouvé que l'élévation de température est bien due à l'abord plus considérable du sang : ils ont lié les deux carotides, puis ont ensuite coupé le grand sympathique cervical d'un côté; or la température n'a pas subi la plus légère augmentation;

loin de là elle s'est abaissée, comme le devait faire prévoir la ligature des carotides. — L'augmentation du calibre des vaisseaux est suffisamment démontrée par la rougeur et l'élévation de température des parties privées du nerf sympathique cervical sectionné ; Donders et Van der Beke Callenfels l'ont du reste constatée *de visu* après avoir enlevé préalablement à la section la voûte crânienne de l'animal en expérience. Ils ont vu les vaisseaux de la pie-mère augmenter de plus du triple, et descendre inversement beaucoup au-dessous de leur volume normal par la galvanisation du bout périphérique du nerf sectionné. M. Cl. Bernard avait déjà vu, du reste, la dilatation pupillaire et l'abaissement de température succéder dans son expérience à la galvanisation du nerf qu'il avait d'abord coupé. On aurait pu d'abord supposer que la dilatation des vaisseaux de l'œil et de l'orbite donnerait naissance à l'exorbitis, d'ailleurs constaté chez un certain nombre d'animaux inférieurs; et ce n'est pas sans un certain étonnement, qu'on voit au contraire l'œil rentrer au fond de l'orbite. — M. Liégeois a cherché la cause de ce phénomène dans la disposition variable suivant les espèces des muscles moteurs de l'œil et dans le pouvoir contracturant pour un muscle de l'hyperémie de ses vaisseaux. Quelques détails sont ici nécessaires : il existe chez la grenouille, au-dessous du globe oculaire, un muscle qui décrit une courbe à concavité supérieure; lorsque ce muscle, par sa contraction, tend à devenir rectiligne, l'œil se trouve projeté en dehors de l'orbite. — Après avoir produit chez la grenouille au moyen d'une lésion du bulbe l'exorbitis, et l'injection de toutes les parties de l'œil, M. Liégeois a toujours trouvé dans ce muscle une hyperémie très-marquée. Les autres muscles du même côté affectés de la même hyperémie étaient devenus dans un état permanent de contracture, phénomène d'ailleurs constaté déjà sur les muscles de la face après la section du grand sympathique cervical chez les animaux supérieurs. — C'est donc à la contracture congestive de ce petit muscle que M. Liégeois attribue chez la grenouille l'exorbitis consécutif à la lésion sympathique ; il explique l'enfoncement de l'œil dans l'orbite, observé chez les animaux supérieurs à la suite de la section du filet sympathique, par une prépondérance d'action des muscles droits de l'œil sur les muscles obliques moins développés, un muscle analogue à celui de la grenouille n'existant plus ici. Cette explication fort judicieuse me semble plus acceptable que celle de Schiff, qui explique le retrait de l'œil après la section, la saillie de cet organe après la galvanisation du grand sympathique, par la paralysie des muscles obliques dans le premier cas, leur contraction dans le second ; hypothèse de la distribution de filets sympathiques moteurs à deux muscles de la vie animale, qui n'est pas justifiée par l'anatomie.

Quant à la projection de la troisième paupière au devant de l'œil, Schiff la regarde comme un phénomène passif dû mécaniquement au retrait de l'œil en arrière, ce qui est reculer la difficulté sans la vaincre. — Brown-Séquard tenant compte, comme l'a fait M. Liégeois, de la contracture des autres muscles, ceux de la face par exemple, attribue ce mouvement de la troisième paupière à une hyperémie analogue à celle qui contracture les autres muscles.

Quoi qu'il en soit de ces explications, il est un fait acquis, c'est l'augmentation du calibre des vaisseaux et par suite l'élévation de la température dans la partie correspondante de la tête après la section du filet cervical du grand sympathique. Toutes les expériences tentées sur d'autres régions ont donné des résultats identiques : sectionnant la moelle à différentes hauteurs, Schiff a toujours observé dans les parties paralysées une élévation de température de 5, de 8, quelquefois de 12 degrés. C'est à l'illustre professeur du Collége de France qu'il a été donné de vérifir la geénéralité de la loi d'échauffement local paralytique qu'il avait posée pour la tête et la face. Il coupe les origines des nerfs de l'extrémité pelvienne avant leur mélange avec les filets du grand sympathique, il obtient la paralysie sensitive et motrice sans aucun phénomène calorifique. Il sectionne ces mêmes nerfs après l'adjonction à eux des filets sympathiques ; à la paralysie sensitive et motrice s'ajoutent les phénomènes calorifiques. Enfin, il obtient séparément les phénomènes calorifiques par la section du grand symphatique lombaire avec intégrité des racines rachidiennes. Mêmes expériences, mêmes résultats sur les membres antérieurs. M. Cl. Bernard a donc pu affirmer l'indépendance topographique et physiologique des nerfs vasculaires et des nerfs musculaires, et poser ainsi cette grande loi de l'indépendance des circulations locales. Telle est pour le physiologiste et le médecin la clef de bien des phénomènes. Des expériences du même genre tentées par Cunning sur des grenouilles ont produit l'injection de la membrane interdigitale après la section du plexus ischiatique.

Il n'est pas toujours possible de constater la température d'un organe profond ; dans ces cas au moins l'hyperémie a toujours suivi la section des nerfs sympathiques correspondants ; Budge a vu l'intestin manifestement injecté après l'extirpation du ganglion semi-lunaire et du ganglion mésentérique.

Ici même, en raison de la localisation expérimentale, se produit un phénomène qui me fera citer plus loin cette expérience, la diarrhée. Je ne veux pas quitter l'expérience de Budge sans insister sur un de ses résultats, qui montre l'identité des branches vasculaires du grand sympathique avec celles qui sont destinées à d'autres organes que les vaisseaux : Budge a vu, sous l'influence de l'ablation des deux ganglions que j'ai nommés, le diamètre de l'intestin devenir trois fois plus grand qu'à l'état normal. Cet organe s'est conduit comme l'eût fait une artère. Pincus et Samuel, après l'extirpation du plexus solaire et du ganglion semi-lunaire sur le chien, le chat et le lapin, ont noté l'injection vive de la muqueuse stomacale, et de celle de la partie supérieure de l'intestin; dans certains cas l'hyperémie a été poussée jusqu'à l'hémorrhagie.

Tension artérielle. — La tension artérielle pouvant se définir : la tendance que présente la paroi du vaisseau à revenir sur elle-même, on comprend que la section d'un filet sympathique diminue la tension dans le département organique qui lui correspond, et que la galvanisation du bout périphérique de ce filet l'augmente. Or on croyait autrefois, certains physiologistes disent même encore, que la vitesse du sang est en raison inverse du diamètre des vaisseaux qu'ils parcourent : Thomson, Hastings se sont fait les défenseurs de cette théorie, réfutée d'une façon concluante par M. Marey; à mesure que le calibre des vaisseaux diminue, les frottements augmentent; puisque le sang doit multiplier ses surfaces pour traverser la filière successivement amoindrie des vaisseaux, la vitesse du sang doit donc diminuer. Elle augmente au contraire quand, par suite de la diminution de tension, la quantité de sang qui passe en un moment donné dans un vaisseau a pu s'accroître et diminuer ses frottements. Au moyen de son hémodromomètre, M. Chauveau a constaté sur le cheval que pendant la mastication la carotide reçoit en même temps une quantité de sang cinq ou six fois plus considérable que pendant le repos.

Dans ces expériences, ce physiologiste a du reste observé également une accélération du cours du sang, à la suite de la section du grand sympathique. Le système nerveux ganglionnaire est donc le régulateur de la tension artérielle. Mais les variations dans cette dernière force entraînent des variations parallèles dans le nombre et l'énergie des battements du cœur. Le cœur se comporte en effet comme tous les autres muscles, comme tous les systèmes composés d'un ensemble de muscles. Le bras soulèvera d'autant moins souvent un poids donné dans un certain temps invariable, que ce poids sera plus lourd; mais aussi dans chacun des mouvements d'élévation qu'il exécutera dépensera-t-il plus de force.

C'est ainsi qu'en présence d'une tension considérable, le cœur, dont la dépense de forces invariable doit se partager en un nombre variable de contractions, diminuera le nombre de ses battements au profit de chacun d'eux; tandis qu'il les augmentera aux dépens de chacun d'eux, dans le cas opposé où la tension sera peu élevée. De ce qui précède, il découle donc que le système des nerfs vaso-moteurs est le régulateur du cœur lui-même. Toutes ces notions sur la mécanique cardiaque qui sont le résultat des recherches de M. Marey sont fécondes, on le conçoit, en applications à la thérapeutique. Nous y reviendrons ultérieurement.

Sans sortir des limites de la physiologie, la diminution paralytique de la tension artérielle chez le vieillard n'est-elle pas une des causes de l'augmentation dans le nombre des pulsations? Il résulte, en effet, des recherches de

MM. Leuret et Mitivié, ainsi que de celles du Dr Pennock, que la moyenne du nombre des pulsations chez les vieillards est plus élevée que chez l'adulte. De 65 chez ce dernier, la moyenne serait de 73 chez le vieillard.

. . . .

Action du système vaso-moteur sur les sécrétions.— « La direction des humeurs vers une glande ne saurait dépendre de la simple action du cœur.... On dirait que les glandes agissent comme des ventouses; elles attirent, pour ainsi dire, les humeurs. Ce phénomène est bien important, même pour la théorie de toutes les maladies où l'on voit évidemment des transports d'humeurs très-indépendants des causes ordinaires de la circulation. » Ainsi s'exprimait Bordeu ; on ne résumerait guère autrement aujourd'hui les découvertes de la physiologie moderne sur ce sujet; et la théorie des vaso-moteurs est là tout entière. Mais, avant d'entrer dans l'étude de l'influence du système ganglionnaire sur les sécrétions, il n'est pas inutile d'entrer dans quelques développements sur les phénomènes réflexes dont ce système nerveux est le siége; un phénomène réflexe est la succession d'un mouvement involontaire à une impression sentie ou le plus souvent non sentie. Il exige pour se produire le concours d'un élément sensitif, d'un centre impressionné par cette sensation, et réagissant sur un élément moteur. Les phénomènes réflexes du système ganglionnaire, quoique ne différant en rien des autres, ont reçu le nom de *sympathies*.

Les nerfs ganglionnaires étant mixtes dès leur origine, l'irritation d'un plexus peut se refléchir sur un nerf rachidien moteur; on ne doute plus aujourd'hui de la sensibilité des plexus ganglionnaires; le plexus cœliaque et les ganglions thoraciques paraissent à ce point de vue occuper le premier rang. Le plus souvent le point de départ de l'action réflexe est dans un nerf sensitif rachidien, elle revient par le nerf ganglionnaire moteur ; le centre qui a servi d'intermédiaire est tantôt la moelle, tantôt un ganglion sympathique. Bichat avait le premier signalé les ganglions du grand sympathique comme pouvant jouer dans ces phénomènes le rôle de centre. Un grand nombre d'auteurs, entre autres Phochaska, Grainger, Clarke, ont défendu cette opinion. M. Longet admet le pouvoir réflexe de ces organes; mais il ne le croit actif qu'à la condition d'une union intègre entre la moelle et le ganglion.

L'opinion de Bichat, défendue par Arnold et Tiedmann, a été justifiée par l'expérience bien connue de M. Cl. Bernard sur la glande sous-maxillaire. Cette glande reçoit deux ordres de nerfs; d'un côté le tympanico-lingual, nerf cérébro-rachidien, de l'autre des filets du grand sympathique cervical. Lorsqu'après l'avoir découverte chez un chien, par exemple, on examine cette glande au moment de son repos physiologique, c'est-à-dire à une époque où la salive a cessé de s'écouler par un petit tube introduit dans le canal de la glande, on voit les veines émergentes remplies d'un sang noir. M. Cl. Bernard coupe le nerf tympanico-lingual; le milieu de l'arc nerveux ainsi constitué n'est donc plus formé que par le ganglion sous-maxillaire. Il électrise alors le bout périphérique du nerf sectionné, et aussitôt le sang qui sortait noir par la veine de la glande devient rutilant, en même temps qu'augmentant en quantité il sort par jets isochrones aux pulsations cardiaques; au même instant un jet de salive s'écoule par la canule.

Dans une autre expérience, M. Cl. Bernard coupe le filet sympathique carotidien qui se rend à la glande : le sang sort rutilant et par jets saccadés, mais l'écoulement salivaire n'a plus lieu ; il galvanise le bout périphérique du sympathique sectionné, et le sang redevient noir. En résumé, quand la glande fonctionne, ses vaisseaux sont dilatés, puisque les pulsations cardiaques y sont encore sensibles dans la veine, le sang veineux est rutilant comme celui des artères. Mais, remarque importante, ces conditions vasculaires peuvent être remplies sans que la glande sécrète de la salive. Or la dilatation des vaisseaux résulte dans ces deux expériences soit de la section du grand sympathique, ce qui est conforme à ce que nous avons vu jusqu'ici, soit de la galvanisation du bout périphérique du tympanico-lingual sectionné. Dans ce dernier cas, on peut se demander si l'excitation transmise ici aux vaisseaux n'a pas été assez forte pour les paralyser et pour agir dans le même sens que la section du grand sympathique. Quoi qu'il en soit, la sécrétion salivaire a besoin d'un autre élément, sans doute l'élément cérébro-spinal, pour agir non plus sur les vaisseaux, mais sur les autres parties de la glande ; car enfin la sécrétion n'est pas qu'une affaire de mécanique vasculaire, il y a en outre ici l'intervention de l'élément anatomique de la glande avec le fonctionnement qui lui est propre et qui peut être sous la dépendance du système nerveux rachidien.

Telle n'est pas, je dois l'avouer, la théorie adoptée par M. Cl. Bernard. Il voit dans le grand sympathique un élément *suspensif* et dans le tympanico-lingual l'élément d'une dilatation *active* des vaisseaux. L'hypothèse d'une dilatation active des vaisseaux, admise également par Schiff, est peu conforme aux notions fournies par l'anatomie sur la structure des vaisseaux; elle me paraît, en outre, inutile pour expliquer les phénomènes de congestion locale, d'autant plus que, comme le pense M. Béclard, il y a deux sortes d'excitations sur un nerf : une forte et une faible; elles peuvent produire des effets tout différents : la première, la paralysie, la seconde, l'excitation active. Quand avec l'ongle légèrement promené sur la peau on produit une ligne blanche et qu'au contraire avec le même doigt, plus fortement appliqué, on produit une ligne rouge, vient-on alléguer, dans le premier cas, l'excitation du grand sympathique, dans le second l'excitation du cérébro-spinal produisant une dilatation active? Non. On croit avoir produit une contraction dans le premier cas, une paralysie dans le second. Si du reste la ligne tracée a quelque largeur, la partie sur laquelle le doigt a été principalement appliqué offrira les signes de la paralysie, elle sera rouge; les limites, qui auront été moins fortement ébranlées, présenteront les caractères de la contraction vasculaire, elles seront blanches. Je crois que la comparaison que je viens de faire peut s'appliquer à la plus grande partie de ce qu'on appelle les actions réflexes paralysantes. Partout c'est le degré de l'excitation qu'il faut mesurer. Il y a des nerfs *paralysés* et non des nerfs *paralysants*. Telle est l'opinion de M. Béclard, de Moleschott de Hufschmid. Est-il besoin de l'hypothèse d'une action paralysante, pour expliquer l'arrêt du cœur en diastole à la suite d'une vive excitation d'un nerf sensitif cutané? Pour expliquer l'arrêt de la respiration à la suite d'une compression du laryngé supérieur? Après avoir sectionné chez le lapin le rameau qui chez cet animal se détache du pneumogastrique à la partie supérieure du cou, et qui vient se jeter dans le ganglion étoile, MM. Cyon (de Pétersbourg) et Ludwig ont excité le bout périphérique; aucun résultat. Ils ont excité le bout central et ont constaté un abaissement notable de la pression sanguine. Ils ont donné au nerf expérimenté le nom de nerf *dépresseur*. Mais n'est-ce pas là une action réflexe par suite de laquelle le grand sympathique a été paralysé, et non l'excitation d'un nerf paralysant, auquel cas l'excitation du bout périphérique aurait amené le même résultat ?

Si au moment où l'intestin exécute son mouvement musculaire, on excite par le galvanisme le nerf grand splanchnique, on voit le mouvement s'arrêter immédiatement. Il n'en est pas moins vrai que la contraction intestinale ne s'effectuerait pas après la section de ce nerf. Il a donc été paralysé. Il résulte, du reste, des recherches de M. Onimus, que lorsqu'on électrise le grand sympathique avec des courants intermittents, on obtient un abaissement de température dû au resserrement des vaisseaux ; avec un courant continu on n'a plus au contraire de contraction permanente. Or on sait que l'impression du courant ne se fait sentir qu'à son ouverture et à sa fermeture, quelquefois ; les courants intermittents ont donc, à tension égale, cette supériorité sur les courants continus de provoquer une excitation un grand nombre de fois répétée.

Pflüger a fait une expérience qui est loin d'être une confirmation de l'hypothèse d'une dilatation active : il a constaté que les artères de la membrane natatoire de la grenouille diminuent de calibre quand on galvanise les racines rachidiennes antérieures; d'après la théorie de la dilatation active, le calibre aurait dû augmenter ici et non diminuer. Si je n'ai pas craint de m'élever contre la théorie de la dilatation active, c'est que cette opinion est partagée par plusieurs savants du plus grand mérite; aux ouvrages que j'ai cités chemin faisant, j'ajouterai la thèse inaugurale de M. Marey. J'ai cherché d'un autre côté à étayer mon opinion du plus grand nombre d'arguments, en présence des noms considérables qui s'inscrivent dans la théorie opposée à celle que je défends.

Si les expériences jusqu'ici entreprises ne prouvent pas en faveur de la dilatation active par action nerveuse cérébro-rachidienne, il est une autre manière de la comprendre qui peut-être mettrait d'accord les desiderata de l'expérience avec les raisons qui portent à admettre cette dilatation active. Dans un cours fait à la Faculté en 1858, M. Gubler disait : « La contraction est un changement d'état moléculaire instantané provoqué par une décharge nerveuse ou par une excitation quelconque; les molécules un moment rapprochées reprennent ensuite leurs distances normales en vertu d'une force comparable à celle de l'expansion gazeuze, et le muscle s'allonge. C'est en sens inverse le phénomène d'allongement forcé et de raccourcissement spontané du caoutchouc. »

De cette expérience de M. Cl. Bernard sur la glande maxillaire, il résulte ce fait important : qu'au fonctionnement d'une glande correspondent la dilatation de ses vaisseaux et la rutilance du sang veineux, avec augmentation de la quantité d'oxygène dissoute. Ce phénomène est général.

Pincus coupe le grand sympathique cervical, respectant ainsi sa portion thoracique, qui s'unit au nerf pneumogastrique pour aller avec lui jusqu'à l'estomac, et la sécretion du suc gastrique n'est pas altérée. Dans une autre expérience, il coupe le pneumogastrique au niveau de l'anneau œsophagien, c'est-à-dire du même coup que les branches sympathiques, la sécrétion gastrique s'arrête à tel point que du lait ingéré ne subit aucune altération ; nous avons dit déjà que la diarrhée était avec la congestion la conséquence de l'extirpation du plexus solaire dans l'expérience de Budge. Colin, M. Cl. Bernard ont vu, dans la section du grand sympathique cervical chez les chevaux, le côté correspondant du cou et de la tête se couvrir de sueur.

Schiff, après l'extirpation des ganglions cervicaux, a vu plusieurs fois un épanchement de sérosité se produire dans le péricarde. La loi de l'hyperémie sécrétoire est donc vraie pour tous les tissus, et non pour les glandes uniquement ; il y a là évidemment une relation de cause à effet entre l'afflux du sang avec diminution de la tension et le passage de l'élément liquide. Enfin, M. Cl. Bernard a pu déterminer des épanchements pleurétiques par l'excitation ou l'ablation du ganglion cervical inférieur. Remarquons en passant que, dans cette dernière expérience, l'excitation ou l'ablation ont le même résultat ; l'excitation, quand elle est forte, n'agit donc pas toujours comme un stimulant des propriétés d'un nerf.

Cette coïncidence entre le *moment* physiologique d'un organe et la rutilance avec surcharge d'oxygène de son sang veineux, a été utilisée par MM. Estor et Saint-Pierre dans l'étude des fonctions de la rate.

D'un grand nombre d'analyses faites par eux, il résulte que pendant la digestion, la quantité d'oxygène contenue dans la veine splénique peut être représentée par 6,66 ; tandis que lorsque l'animal est à jeun cette quantité est égale à 11,90, la composition du sang de l'artère restant d'ailleurs à peu près la même dans les deux cas.

Ces expérimentateurs ont donc pu conclure que le fonctionnement de la rate alternait avec celui de l'estomac.

Telle est la part que prend le système nerveux dans la fonction des glandes, part régulatrice uniquement.

La sécrétion n'est en somme qu'une série de phénomènes nutritifs de la cellule qui absorbe, assimile et dé-sassimile ; je ne crois donc pas que dans l'état actuel des sciences il faille comparer avec Brown-Séquard l'influence du système nerveux à celle du courant galvanique dans les phénomènes chimiques.

Nutrition. — Me voici par l'étude des sécrétions naturellement amené à parler de la nutrition. On a pendant longtemps considéré cette fonction comme un résultat de l'influence nerveuse ; on ne connaissait pas encore l'évolution physiologique, pour ainsi dire, spontanée de l'élément cellulaire.

Samuel en Allemagne et dernièrement M. Mougeot en France, ont fait, des nerfs vaso-moteurs, des nerfs trophiques spécialement destinés à l'élément anatomique lui-même. Les découvertes récentes de l'anatomie micrographique permettent pourtant d'envisager comme tout autre le rôle des nerfs vaso-moteurs. — « Il faut accepter l'autonomie des éléments anatomiques, a dit M. Vulpian dans un de ses cours au Muséum, contenant chacun en eux, toutes les tendances spécifiques. » Il serait difficile, d'ailleurs, d'admettre comment pourrait se transmettre l'influence nerveuse à certains éléments anatomiques pourtant bien vivants, les globules du sang par exemple ; ne voit-on pas les phénomènes nutritifs les plus variés se passer chez les végétaux en dehors de tout système nerveux jusqu'ici démontré. M. Robin, de Blainville, A. Comte, M. Chauveau, ont suffisamment démontré que la nutrition est une propriété de l'élément anatomique végétal ou animal, et comme telle « indépendante de toute propriété dont elle est la condition d'existence » chez l'embryon, qui préside à la nutrition avant l'existence du système du nerveux ? « La nutrition qui est un phénomène universel parmi tous les êtres vivants, dit

M. Gubler, ne saurait avoir pour condition un appareil qui manque à un très-grand nombre d'entre eux. »

Ce n'est pas à dire pour cela que le système nerveux vaso-moteur soit hors de cause dans les phénomènes nutritifs.— Il joue un rôle à coup sûr important dans l'apport des matériaux nutritifs, du sang, dont il est le régulateur ; nous l'avons vu dans l'étude des sécrétions, on peut le voir également dans un grand nombre de phénomènes pathologiques : Schiff coupe chez un animal le nerf sciatique et le nerf crural d'un côté, du même coup, par conséquent, les nerfs vaso-moteurs. Au bout de quelques mois il s'est produit une augmentation de volume considérable dans le squelette du membre correspondant.

C'est sans doute à une paralysie vaso-motrice de cause indéterminée qui a pour résultat l'afflux d'une plus grande quantité de sang, qu'il faut rapporter les symptômes observés par Friedreich sur une jeune fille qui présentait une hypertrophie congénitale et unilatérale de la tête : Tout le côté droit de la tête était le siége d'une hypertrophie considérable ; les systèmes pileux et pigmentaires étaient dans cette région considérablement développés. Les follicules hypertrophiés donnaient cours à un véritable flux sébacé. La sécrétion de la sueur et de la salive était également de ce côté plus abondante.

Ne sont-ce pas là les symptômes consécutifs à la section du grand sympathique ? Ne voit-on pas tous les jours les surfaces précédemment vésiquées se pigmenter, et chez les strumeux dont quelque articulation affectée de tumeur blanche a été pendant longtemps couverte d'agents révulsifs, la surface cutanée se couvrir de poils ? C'est par une raison analogue que dans la variole, par exemple, les pustules ne manquent pas d'être plus abondantes et vraiment confluentes sur les surfaces vésiquées ou sur celles qui sont le siége de quelque exagération nutritive ou sécrétoire de la peau.

Je ne veux pas quitter ce chapitre des fonctions générales du système vaso-moteur, sans parler d'une idée encore peu connue et qui mérite cependant l'attention ; non pas que l'auteur, qui a bien voulu me la communiquer, prétende à expliquer toutes les questions de détail et, pour ainsi dire, de *quo modo* qui peuvent s'y rattacher, mais dans son sens général elle est trop ingénieuse et trop conforme aux phénomènes dejà bien prouvés, pour que je la passe sous silence. Elle a été émise par M. Gubler dans un cours de pathologie générale fait à la Faculté en 1858. — En partant de ce fait que la combustion respiratoire, source à peu près exclusive de toute force dans l'économie animale, se passe dans les capillaires périphériques, et que la production de forces est en raison de la richesse du réseau capillaire sanguin; M. Gubler s'étonne de voir les centres nerveux, dont la faible vascularité suffit à peine à leur nutrition, si mal partagés sous ce rapport, — mais ne pouvant nier que l'appareil nerveux central soit un foyer de dépenses dynamiques, il en conclut que cette force, qu'il est impuissant à produire, lui vient de quelque part et qu'un organe sert à la lui communiquer.—Le système ganglionnaire dont les fines ramifications se répandent jusque sur les plus petits vaisseaux sanguins, lui paraît devoir être cet intermédiaire obligé entre les vaisseaux capillaires qui *produisent* et le cerveau et la moelle qui *consomment*. Pour lui donc « le grand sympathique est une sorte de condensateur qui recueille la force évoluée pendant la combustion respiratoire, et la transmet aux centres d'innervation. » Et alors, dit-il, « lorsqu'il agit dans ce sens, les vaisseaux sont contractés et il apparaît peu de chaleur. Quand, au contraire, il cesse de soutirer aux vaisseaux la force mise en jeu par les actions chimiques, la calorification s'exagère et les capillaires se relâchent. »

Phénomènes oculo-pupillaires. — Ces phénomènes occupent, pour ainsi dire, une place à part dans l'histoire des nerfs vaso-moteurs, ce qui tient à l'indépendance assez tranchée du système nerveux sympathique de l'œil, indépendance qui n'empêche pas ces phénomènes de se produire dans certains cas sous l'influence d'actions réflexes dont le point de départ est éloigné. Budge et Waller regardaient les filets sympathiques de l'œil comme les conducteurs d'un centre spécial situé dans la portion de la moelle comprise entre la cinquième vertèbre cervicale et la sixième dorsale. Frappés surtout de l'influence de ce point sur les mouvements de la pupille, ils lui avaient donné le nom de centre *cilio-spinal.*

M. Cl. Bernard considérant les fonctions de ce point d'une façon plus générale, propose la dénomination d'*oculo-spinal.*

Lorsqu'on pratique l'hémi-section de la moelle en ce point, on observe sur l'œil les mêmes phénomènes qu'après la section du grand sympathique cervical ; mais ces phénomènes sont isolés et séparés de tout autre du côté de la face. M. Cl. Bernard a pu suivre chez le chien les nerfs oculo-pupillaires jusqu'aux racines antérieures des deux premières paires dorsales, rarement jusqu'à la troisième. La section de ces deux racines antérieures amène le resserrement de la pupille, avec enfoncement de l'œil dans l'orbite ; la galvanisation du bout phériphérique amène au contraire la dilatation pupillaire avec exophthalmie.

Mais, suivant M. Cl. Bernard, il faut distinguer les phénomènes oculaires *vasculo-calorifiques* des phénomènes oculaires *pupillaires*. On peut produire les premiers isolément chez le chien, en coupant le grand sympathique entre la deuxième et la troisième côte. L'action réflexe les distingue également : les phénomènes pupillaires apparaissent sous l'influence d'une douleur vive, même éloignée; la moelle paraît donc être le centre de réflexion ; ils sont croisés. — Les phénomènes vasculaires ne succèdent qu'à des excitations voisines; le ganglion ophthalmique semble devoir en être le centre de réflexion ; ils sont directs. C'est à des phénomènes réflexes du genre de ceux dont je viens de parler, qu'est due la dilatation sous l'influence d'une douleur vive, d'entozoaires du tube digestif, d'émotions morales ; Mackenzie parle d'affections douloureuses de l'estomac amenant l'amaurose; c'était sans doute une amaurose, soit ischémique soit congestive, due à des phénomènes oculo-vasculaires réflexes. C'est encore un exemple d'action réflexe analogue qu'a donné M. Chauveau en montrant la dilatation pupillaire consécutive à galvanisation des cordons postérieures de la moelle. C'est en paralysant les vaso-moteurs ici, comme elle le fait ailleurs, que la chaleur contracte la pupille ; la pesanteur agit de même lorsque la tête se trouve dans une position déclive. L'action vaso-motrice opposée appartient au froid qui dilate la pupille. Cet organe est donc un reflet fidèle de l'état de la tension sanguine dans l'œil et dans les organes voisins ; de là sa grande importance pathologique, non-seulement dans les affections cérébrales, mais encore dans la plupart des affections où l'on ne saurait trop s'entourer de renseignements sur l'état de la circulation.

PATHOLOGIE.

Nous venons de voir quelle influence exercent les changements de diamètre des vaisseaux sur tous les phénomènes physiologiques; — c'est aux alternatives d'ischémie et d'hyperémie locales qu'est due l'intermittence physiologique d'un certain nombre de fonctions; l'action réflexe est l'instrument qui met en jeu ces modifications d'abord organiques, puis fonctionnelles. Les mêmes lois se retrouvent en pathologie. Le médecin n'observe que des fonctions déviées; et celles-ci, dans leurs déviations, peuvent voir s'éloigner ou se rapprocher leurs alternances, de telle manière que la maladie est tantôt une sorte de diminutif, tantôt une façon d'amplification de la règle; l'action réflexe diminuée ou exagérée sera la cause directe de la maladie ; et, dans l'un et l'autre cas, chacun des éléments sensitifs, moteur ou central, tous trois nécessaires à la production d'un phénomène réflexe, pourra être dévié isolément ou non. Selon que ces phénomènes seront passagers ou prolongés, locaux ou généraux, selon la spécificité anatomique ou fonctionnelle des organes intéressés, nous aurons en apparence des symptômes bien différents qui peuvent cependant tous rentrer sous le petit nombre des lois simples qui régissent l'organisme.

HYPERÉMIE.

M. Monneret est un des auteurs qui se sont le plus attachés à montrer la fréquence et l'importance des hyperémies locales. « Les dernières recherches sur le rôle des nerfs vaso-moteurs indiquent aux médecins la voie nouvelle dans laquelle ils doivent s'engager. » Etudiant l'hyperémie d'une façon générale, il la divise en hyperémie *simple, phlegmasique, hémorrhagique, sécrétoire, nutritive*.

Malgré la justesse de cette division, on doit reconnaître qu'il est parfois difficile de classer un phénomène pathologique observé dans l'une ou dans l'autre de ces catégories séparées par des intermédiaires insensibles; et l'hyperémie d'un organe les parcourt souvent successivement ou simultanément.

M. Monneret reconnaît trois grandes causes d'hyperémie : 1° l'altération de l'organe même hyperémié ou d'un organe voisin; 2° l'altération du sang; 3° un simple trouble d'innervation. On peut se demander si dans les deux premiers cas ce n'est pas par action réflexe partant soit de ses ramifications dans un organe, soit de ses filets vaso-moteurs non assez excités par un sang appauvri, que le système sympathique se trouve paralysé. L'élément commun hyperémie produit des symptômes variés comme les éléments anatomiques mêmes des organes; nous l'étudierons donc successivement dans chacun des principaux.

Hyperémie du foie. Glycosurie. — Grâce à la double fonction du foie, l'hyperémie de cet organe peut avoir pour résultat, soit l'ictère, soit la glycosurie; ajoutons que l'hyperémie peut exister sans être accompagnée de l'un ou de l'autre de ces phénomènes : l'augmentation de volume, la douleur à la pression sont alors les seuls signes que l'on constate. M. Monneret a décrit cet état de congestion non inflammatoire du foie s'accompagnant d'ictère, de mégalie de l'organe avec recrudescence le soir, comme cela est le propre des affections congestives.

Une des conséquences les plus importantes de l'hyperémie du foie, et, comme nous le verrons tout à l'heure, de l'hyperémie en général, c'est la formation du sucre en excès suffisant pour donner lieu, à son passage à travers les reins, à la glycosurie.

La question de la glycosurie est un des exemples les plus probants qu'on puisse fournir de l'importance de l'étude de la physiologie dans l'explication des phénomènes pathologiques. Un grand nombre de lésions ont été produites par les physiologistes dans le but de déterminer la glycosurie, et presque toutes ont été efficaces : c'est ainsi que M. Cl. Bernard a pu produire cette affection par la piqûre du quatrième ventricule entre l'origine des nerfs pneumogastriques et celle des nerfs auditifs ; le même phénomène se produit encore lorsqu'on fait précéder la piqûre du quatrième ventricule de la section du grand sympathique et du pneumogastrique, mais il cesse lorsqu'on vient à couper la moelle. Ce n'est pas tout, M. Cl. Bernard a produit la glycosurie par la section des pédoncules cérébelleux et du cerveau en travers ; il l'a produite encore par la piqûre des corps olivaires. Schiff est arrivé au même résultat en coupant la moitié du pont de Varole ou en piquant indifféremment un point quelconque de la moelle allongée. L'application d'un courant galvanique intense sur le foie amène encore la glycosurie ; il en est de même de la galvanisation de la moelle faite par Moos, ou de la blessure du lobe occipital du cerveau faite chez le chien par Thiernesse. Pavy a démontré que la section des filets sympathiques qui entourent l'artère vertébrale était suivie de glycosurie, et que le moyen le plus efficace pour produire ce symptôme était l'ablation d'un ganglion cervical qui envoie un filet au pneumogastrique et d'autres à la carotide; c'était sans doute parce que la section du grand sympathique avait été faite au-dessous de ce ganglion qu'elle n'avait pas empêché la piqûre du quatrième ventricule de produire la glycosurie. Comme on le voit, il est aisé de produire le symptôme qui nous occupe par toute lésion qui attaquera le grand sympathique et mieux encore une partie du système nerveux central. Si l'on se rappelle la disposition dans l'épendyme, les ventricules, les couches optiques et la substance corticale du cerveau décrite par Jacubowtisch, on comprendra avec quelle facilité une lésion nerveuse centrale pourra couper le grand sympathique, dont les propriétés vaso-motrices démontrées amèneront ainsi l'hyperémie du foie et d'autres organes encore. Or Schiff a démontré l'influence productive qu'avait sur la glycosurie l'hyperémie de l'organe qui nous occupe; il a même admis que cette dilatation hyperémiante des vaisseaux pouvait être active ou passive. Nous ne reviendrons pas sur les raisons que nous avons déjà fait valoir contre la dilatation active des vaisseaux ; nous attendrons pour nous prononcer la venue de faits plus probants que ceux qui ont été publiés jusqu'à ce jour. Quoi qu'il en soit de l'activité ou de la passivité du phénomène, l'hyperémie existe dans tous ces cas, c'est là le point essentiel. On comprend que la paralysie du grand sympathique nécessaire à la glycosurie pourra se produire ici, comme cela se voit à la face, comme cela se voit sur le cœur, à la suite d'une émotion morale vive : frayeur, joie ou colère ; on trouve en effet dans les auteurs des cas de glycosurie qui ne paraissent pas reconnaître une autre cause. Cette hyperémie hépatique, déjà constatée par M. Andral à l'autopsie d'un certain nombre de diabétiques, a été prouvée par Schiff, par l'expérience suivante : on sait que chez la grenouille le sang abdominal ne se déverse pas tout entier dans le foie, une branche de la veine cave inférieure se rend directement au foie, l'autre chemine vers le cœur; Schiff lie cette dernière, force ainsi tout le sang à passer par le foie désormais hyperémié, et l'urine renferme du sucre. Il a fait plus, il applique une ligature sur les vaisseaux veineux d'un membre qui ne tarde pas à devenir le siége d'une hyperémie considérable; l'urine à ce moment ne contient pas de sucre. Il lâche la ligature et quelque temps après la glycosurie existe. Il a du reste constaté le même phénomène à la suite de la congestion céphalique due à la section du grand sympathique cervical. De ces expériences et d'autres encore spécialement entreprises en vue d'étudier la glycosurie physiologique, sur lesquelles je n'ai pas à insister ici, Schiff conclut que ce qu'il appelle l'inuline hépatique, substance glycogène de M. Cl. Bernard, a besoin d'un ferment pour se changer en sucre, que ce ferment se développe ou au moins s'accumule par l'arrêt du sang dans un organe, et se trouve ainsi une fois dans la glande hépatique en présence de l'inuline qu'il transforme en sucre. Si j'avais à étudier la glycogénie, je crois qu'il ne serait pas inutile de soulever quelques objections à cette théorie non encore complétement démontrée; n'ayant, pour le moment, à m'occuper que du système nerveux vaso-moteur, je m'en tiens à cette conclusion démontrée : la glycosurie apparaît à la suite de l'hyperémie du foie, ou même d'une région étendue du corps; cette hyperémie, due à une paralysie vaso-motrice, a le plus souvent sa cause dans un trouble du système nerveux central.

Hyperémie du rein; albuminurie. — Je ne suis certes pas de ceux pour qui les résultats de la physiologie doivent être mis ailleurs qu'au premier plan dans l'étude des phénomènes pathologiques; je crois l'avoir déjà donné à entendre dans plus d'un passage de ce travail; je ne doute pas cependant, que le médecin doive se souvenir sans cesse, que les conditions expérimentales où le place la clinique sont bien autrement complexes que celles toutes arbitraires et autant que possible dégagées, où peut, où doit se mettre le physiologiste. C'est pour n'avoir pas assez tenu compte des conditions générales de l'économie malade, qu'un certain nombre d'auteurs ont donné dans l'albuminurie une part, à notre avis, trop importante à l'organe même de la sécrétion urinaire. Est-ce à dire que par un excès opposé et qui serait tout aussi éloigné de la vérité, il faille reléguer au second plan les conditions locales de la circulation rénale? non plus. Les expériences de M. Cl. Bernard sur l'organe qui nous occupe ont d'ailleurs montré son entière dépendance des lois découvertes et posées par lui relativement à la secrétion des glandes en général : dilatation vasculaire, rutilance du sang veineux, secrétion, ce sont là trois faits qui, ici comme ailleurs, doivent marcher de front; mais toutes ces conditions n'impliquent dans les sécrétions qu'une différence de quantité; la qualité de la sécrétion reste toujours la même; c'est ce qui n'a pas lieu dans l'albuminurie. M. Cl. Bernard a montré qu'en piquant le quatrième ventricule un peu au-dessus du point producteur de la glycosurie, on avait l'albuminurie sans polyurie; il a fait voir, en outre, qu'en piquant la moelle allongée un peu au-dessous des nerfs auditifs, la polyurie apparaissait seule, sans que l'urine renfermât du sucre ou de l'albumine. La quantité de l'urine et sa qualité, albumineuse ou non, sont donc deux phénomènes qui ne dépendent pas des mêmes filets nerveux. D'ailleurs, loin de coïncider avec une diminution sécrétoire de la tension, l'albuminurie dans les expériences entreprises par d'autres physiologistes a suivi l'augmentation de tension : en liant la veine rénale, George Robinson détermina le passage de l'albumine dans l'urine. Panum est arrivé au même résultat en déterminant des embolies dans les artères des glomérules. Les expériences d'Hermann prouvent également que l'albuminurie accompagne l'augmentation de tension; la quantité du sang rénal est, il est vrai, accrue dans ces expériences en même temps que les vaisseaux ont dû se dilater, puisque les liquides sont incompressibles; mais on comprend la différence entre un obstacle mécanique établi sur le passage du sang pour l'empêcher, et une contraction ou une paralysie physiologique des vaisseaux sous l'influence du système nerveux vaso-moteur.

D'ailleurs ces conditions artificielles d'exagération de tension sont loin d'être toujours remplies dans les cas d'albuminurie que nous montre la clinique, et M. Gubler a péremptoirement démontré qu'à côté d'une lésion, sans doute, de l'élément anatomique rénal, souvent au-dessus de cette lésion et avant elle, l'albuminurie trouvait sa raison d'être dans « un excès de l'albumine du sang relativement aux globules et relativement aux dépenses de l'économie en matières protéiques. » Je n'ai pas à m'aventurer dans l'étude si complexe de l'albuminurie; qu'il me suffise d'avoir cherché à montrer que le système nerveux vaso-moteur, objet de cette étude, ne prend pas, à beaucoup près, dans l'albuminurie, une part aussi large qu'on aurait pu le croire, tout d'abord, que celle qu'il prend dans la glycosurie.

Névroses vaso-motrices congestives. — Nulle part la fugacité, la localisation des phénomènes congestifs vaso-moteurs que nous avons vus en traitant la physiologie, ne trouvent un analogue aussi complet que dans les névroses. Classées, faute de pouvoir mieux faire, d'après leur caractère commun d'exister *sine materia*, elles tendraient de jour en jour à sortir de ce cadre, si leur union n'était maintenue légitime par leur affinité dans la congestion brusque, fugace, localisée, affinité réelle au moins pour un certain nombre considérable d'entre elles : les névralgies congestives; elles ont pour caractère d'être calmées par le froid, de s'exaspérer par la chaleur et conséquemment de présenter des rémittences diurnes opposées à des exacerbations nocturnes. Avant d'aller plus loin, je veux justifier mon doute sur leur existence *sine materia*, par quelques faits trop peu nombreux pour que j'y insiste d'ailleurs longtemps; à l'autopsie d'une femme morte en couches après avoir présenté des vomissements incoercibles pendant sa grossesse, Lobstein a trouvé une rougeur vive du ganglion semi-lunaire. Chez une jeune fille de 6 ans qui avait été tourmentée d'une toux férine avec vomissements spasmodiques pendant trois jours, il a trouvé une injection vive de la moitié gauche du plexus solaire; l'autre était normale.

Ceci dit pour le grand sympathique en général pourra peut-être un jour s'appliquer aux branches vaso-motrices de ce système; car il est à coup sûr des lésions que nos moyens actuels d'observation, quelque parfaits soient-ils, sont impuissants à constater et « la nature, dit Büchner, est à même de produire avec les moyens les plus imperceptibles et les plus simples, les effets les plus grandioses et les plus variés, suivant qu'elle dispose ou arrange d'une manière ou de l'autre les parties les plus subtiles des matières. » Dans les symptômes des névroses vaso-motrices, puisqu'à défaut d'anatomie pathologique, nous ne connaissons ces affections que par leurs symptômes, le médecin croit assister à une expérience physiologique. Rien ne manque au tableau des phénomènes produits par la section d'une partie du grand sympathique. Le Dr Cahen, avec un véritable talent, a fait ressortir cet intéressant côté de ces affections. L'action réflexe éveillée par l'élément *douleur* réagit sur les glandes, comme lorsqu'on instille quelques gouttes de vinaigre sur la langue d'un chien, elle réagit sur la glande maxillaire; chez une dame affectée de névralgie faciale, Valleix a vu la salivation devenir assez abondante, pour que deux fois dans les vingt-quatre heures, le crachoir dût être vidé. Ce n'est pas toujours sur les filets vasculaires des glandes qu'agit l'action réflexe. Joly, Mazades, M. Cahen, ont cité des exemples nombreux de névralgie faciale avec congestion vive de la conjonctive. Si la névrose est persistante, les choses peuvent aller plus loin : Duval cite l'histoire d'une dame atteinte d'une névralgie sous-orbitaire rebelle avec symptômes congestifs, chez qui, comme dans le fait signalé par Friedreich, une hypertrophie de la lèvre avait été la conséquence de cette paralysie vaso-motrice prolongée; Pouteau cite un cas de névralgie épicrânienne qui avait donné lieu à un accroissement considérable des cheveux. Dans certaines régions, les fosses nasales par exemple, la paralysie vaso motrice peut être poussée assez loin pour amener une hémorrhagie. C'est ainsi qu'une hémorrhagie utérine ou une simple leucorrhée peuvent succéder à une névralgie iléo-lombaire. Les ganglions lombaires sont ici le centre de réflexion.

MM. Marrotte et Cahen ont cité des cas de ce genre; ce dernier auteur a montré comment les phénomènes si douloureux connus sous le nom d'*irritabile testis* étaient la réflexion par les plexus spermatiques qui envoient des branches au testicule, d'une névralgie du nerf honteux externe dont quelques branches sont reçues par ces mêmes plexus.

L'*angine de poitrine*, assez généralement considérée aujourd'hui comme une névrose, peut se rattacher à une action réflexe vaso-motrice du même ordre; les plexus cardiaque ou pulmonaire seraient ici le centre réflexe selon que l'attaque est circulatoire, et dans ce cas pouvant se terminer par la mort subite; ou asphyxique, et alors la cessation de l'attaque empêche l'hématose d'être plus longtemps entravée.

La moelle donne lieu par l'intermédiaire du système sympathique vaso-moteur à des phénomènes semblables. J'emprunte ce passage à mon excellent maître M. Axenfeld : «Il n'est pas rare de voir, chez les individus atteints d'irritation spinale, une hyperémie oculaire s'établir très-rapidement, persister plus ou moins longtemps, sans douleur, sans signe d'inflammation proprement dite.» M. Axenfeld généralise ce fait à l'explication d'autres phénomènes du même genre qu'on a signalés dans le cours de l'irritation spinale.

M. Leudet a montré l'importance des névroses réflexes vaso-motrices dans la production de ces troubles périphériques qu'on voit survenir dans les maladies chroniques; syncope ou asphyxie locale des extrémités disparaissant avec la même rapidité qu'ils ont mise à se produire. La moelle agirait donc dans ce cas sur les extrémités malades soit en galvanisant, soit en paralysant le système nerveux vaso-moteur; c'est là, avons-nous dit, une question de plus ou de moins dans l'intensité de l'excitation. Le point de départ serait pour M. Leudet dans un trouble survenu dans la circulation des sinus veineux du rachis.

Les exemples d'actions réflexes vaso-motrices abondent dans la pathologie; n'est-ce pas à des actes de ce genre qu'il faut rattacher les troubles de syncope, d'asphyxie et même de gangrène locales que M. Raynaud a signalés chez les hystériques? Enfin, l'union fonctionnelle et pathologique de certains organes : les mamelles et lutérus? N'est-ce pas par une action réflexe dont la moelle est le centre qu'on voit alterner l'orchite et les oreillons? Toutes les théories sur la métastase trouveront une réponse dans ces phénomènes.

L'irritation réflexe peut porter uniquement sur les vaso-moteurs cutanés. Recklinghausen, ayant eu la rare occasion de faire l'autopsie d'un homme atteint d'un *zona*, trouva une altération manifeste dans le ganglion d'une racine spinale; le point de départ était peut-être dans cette racine sensitive qui avait réagi par la moelle sur les vaso-moteurs d'une certaine région de la peau. La même explication peut être donnée pour les éruptions bulleuses ou érythémateuses observées à la suite des plaies de nerfs. Ces éruptions vésiculeuses ou bulleuses sont un diminutif aussi complet que possible de la paralysie vaso-motrice dans ce qu'elle peut présenter de plus complet : hyperémie, chaleur, sécrétion, tout est là.

Je citerai, en terminant ce résumé des névroses vaso-motrices d'origine réflexe, l'ingénieuse explication donnée par M. Gubler en la signalant, de la rougeur de la pommette consécutive à l'inflammation du poumon correspondant. L'excitation partie du poumon serait réfléchie par l'intumescence gangliforme du facial sur cette partie de la face qui est spécialement affectée à la respiration.

Signalerai-je encore les diarrhées nerveuses, les sueurs et les urines abondantes des hystériques, les bouffées de chaleur à la tête si fréquentes chez elle?

Bien des symptômes du *goître exophthalmique* devraient encore ici trouver leur place : la congestion oculaire, l'intumescence du corps thyroïde porteraient à chercher dans la paralysie du grand sympathique la cause de la maladie; mais dans cette hypothèse l'œil devrait rentrer dans l'orbite au lieu d'en sortir, et s'il faut admettre avec MM. Piorry, Kœben et plusieurs autres auteurs une compression du corps thyroïde capable d'exciter le grand sympathique, on s'explique alors aussi peu la congestion qu'on comprend bien l'exorbitis.

Il serait difficile de s'empêcher de voir une action réflexe analogue aux précédentes dans l'hypercrinie de la plèvre consécutive à l'impression du froid sur une partie de la périphérie cutanée.

N'en sont-ce pas encore des exemples que cette affection décrite par Trousseau : le *vertigo a stomaco læso*, et le gonflement du corps thyroïde chez l'hystérique, au moment où elle éprouve la sensation de la boule? Graves attribuait cette sensation au gonflement du corps thyroïde; cette hypothèse trouve parfaitement sa justification dans un fait que j'ai observé chez une hystérique, dans le service de M. Axenfeld; cette femme, qui, par une circonstance pour nous favorable, était atteinte d'un ictère des plus caractérisés, nous montra à la suite de son attaque la partie antérieure de son cou semée de pétéchies dont aucune ne dépassait les limites du corps thyroïde, d'ailleurs devenu très-volumineux pendant l'accès.

Hémorrhagies. — D'après tout ce que nous venons de dire, il est inutile d'insister sur le rôle de la paralysie vaso-motrice dans la production des hémorrhagies ; c'est à des phénomènes aussi brusques et fugaces que ceux dont le système nerveux est le siége, qu'il faut rattacher ces hémorrhagies rétiniennes à la suite d'une émotion morale vive signalées par Metaxas, Donders et un grand nombre d'autres auteurs. Les fièvres fournissent encore un exemple fréquent d'hémorrhagie succédant à une hyperémie paralytique des muqueuses ; les épistaxis ou les métrorrhagies équivalentes à celles-ci, c'est-à-dire en dehors de toute ovulation, auxquelles M. Gubler a donné le nom d'épistaxis utérines.

Inflammation. — « Un agent qui posséderait la propriété de faire contracter les vaisseaux, a dit Hunter, serait probablement le spécifique de l'inflammation. » En effet, la dilatation vasculaire, la paralysie du système vaso-moteur ne donnent-elles pas lieu aux quatre grands signes de tout temps regardés comme pathognomoniques de l'inflammation : *rubor, tumor, calor, dolor?*

M. Cl. Bernard par l'ablation du ganglion thoracique supérieur a produit chez les animaux de véritables pneumonies. On sait depuis les expériences du professeur du Collége de France sur les sécrétions qu'en même temps que les vaisseaux paralysés par la section du grand sympathique se dilatent, leur sang veineux prend une coloration rutilante analogue à celle du sang artériel, et présente à l'analyse une augmentation de sa quantité normale d'oxygène. Or la rougeur des tissus enflammés n'avait pas été sans faire naître un grand nombre d'explications ; Hunter la croyait due à la production de vaisseaux nouveaux ; Lebert croyait que la stase sanguine avait pour conséquence la déperdition de la matière colorante des globules à travers les capillaires ; Vogel expliquait cette coloration par la dilatation des vaisseaux; cette dernière opinion mérite à coup sur d'entrer en ligne de compte, mais la principale cause de la coloration rouge a été signalée par MM. Estor et de Saint-Pierre. Il résulte de leurs recherches que le sang veineux des parties enflammées est rutilant et que la quantité d'oxygène qu'il contient, comparée à celle qu'ils ont trouvée dans le sang de la partie correspondante, a augmenté du double.

Quant au gonflement, lorsqu'on songe aux variations de volume que peuvent subir par suite de leur simple hyperémie les organes libres comme le foie et surtout la rate, on comprend aisément l'influence de l'afflux plus considérable du sang sur l'augmentation de volume des parties enflammées.

Les expériences de M. Cl. Bernard ont démontré que là où augmentait la quantité de sang, là aussi augmentait le calorique. Les expériences de Weber ont démontré que le sang artériel des parties enflammées est moins chaud qu'elles, et que leur sang veineux est plus chaud que celui des parties symétriques. Enfin, la sensibilité s'exhalte, on le sait, en raison de l'hyperémie. Lorsqu'on vient à appliquer un sinapisme sur un membre auparavant anesthésique, il est aisé de constater avec une épingle que le retour de la sensibilité s'est effectué précisément dans les limites de la rubéfaction. J'ai bien des fois eu occasion de vérifier cette expérience pendant mon internat chez M. Gubler.

Mais tous ces phénomènes ne dépasseraient pas les limites de la congestion, s'ils n'avaient pour conséquence l'exagération nutritive des tissus hyperémiès. Exagération nutritive due à la surabondance de ce qu'on peut appeler l'alimentation, mais différente toutefois par sa rapidité de celle qui a présidé à la formation primitive de l'organe, ou à l'hypertrophie qu'on observe à la suite de la section des vaso-moteurs.

Il y a donc là une irritation toute spéciale qui différencie ces trois ordres de phénomènes très-voisins : la congestion, l'inflammation, l'hypertrophie. Virchow a largement développé, on le sait, le processus successif de la multiplication endogène de l'élément cellulaire ; mais, ne l'oublions pas, cette irritation nutritive, puis fonctionnelle de la cellule a sa raison d'être dans l'afflux plus considérable des matériaux nutritifs, dans l'hyperémie, hyperémie dont la cause prochaine se trouve enfin dans la modification vaso-motrice.

C'est l'apanage de la vérité, sorte de moyenne, d'accepter plusieurs théories opposées à l'exclusion de leurs exagérations, c'est-à-dire de leurs erreurs ; l'école de la stase et de l'exsudat, celle de la formation endogène, celle des névristes, toutes les trois dans le vrai, n'y entrent pas complétement parce qu'elles sont exclusives.

Fièvre. — Lorsque ces phénomènes inflammatoires ont lieu dans une partie étendue de l'organisme, ou bien, quoique peu étendus, sur un organe dont les phénomènes réflexes vaso-moteurs sont plus caractérisés qu'ailleurs, en raison de l'abondance des filets sympathiques qu'il reçoit, la paralysie vaso-motrice réagit sur le système général par l'intermédiaire des centres nerveux, donnant ainsi lieu à un phénomène réflexe du même ordre que celui qui lui a donné naissance à elle-même à la suite de l'excitation du froid, par exemple, sur une partie périphérique de l'organisme. Le système vaso-moteur général perd partout de sa tonicité normale, la tension diminue, et le cœur dont l'effort est moins considérable précipite ses battements, la rutilance du sang veineux apparaît, phénomène qu'avaient déjà constaté les anciens médecins, alors que la saignée se pratiquait fréquemment; la quantité d'oxygène qu'il renferme augmente, la chaleur s'accroit; la *fièvre* existe. Mais, comme les liquides sont incompressibles, et qu'après tout, la quantité totale du sang n'a pas augmenté, tous les organes ne sont pas le siége d'une égale hyperémie, et ce sont ceux où elle est le plus développée qui sont le siége d'une détermination morbide locale, détermination locale qui, selon l'importance fonctionnelle de l'organe, pourra prendre l'importance d'une *complication*.

Il n'en est pas moins vrai que l'étendue, la tendance à la généralisation des phénomènes propres à l'inflammation donnent lieu à une oxydation plus avancée des matériaux dénutritifs; l'urée, terme ultime de l'oxydation des matières azotées, apparaît dans l'urine; la fibrine, oxydation de l'albumine, augmente, à mesure que celle-là diminue.

Enfin la révulsion spontanée se fait sur un organe quelconque, et dégage ainsi de leur hyperémie les organes primitivement affectés; « ce qui disparaît d'un côté, reparaît forcément de l'autre, » a dit Faraday dans un sens général; une hypercrinie se fait par la peau qui se couvre de sueurs ou sur laquelle apparaissent, comme signe du travail qui s'y passe, quelques vésicules d'herpès; par le rein qui élimine des quantités considérables d'urine; ce qu'on appelait autrefois la *crise* a eu lieu; et, quelle que soit l'interprétation qu'il faille donner à ce phénomène, la tension augmente, le pouls tombe, la chaleur diminue, la *fièvre* n'existe plus.

M. Marey a savamment déduit l'enchaînement de tous ces phénomènes, et montré que « l'état fébrile est l'effet plus ou moins direct du relâchement des vaisseaux. »

Cette part primordiale dans la production des phénomènes fébriles, est également accordée au système nerveux par Traube, par Virchow. Selon Jenner, Murchinson, Wachsmuth, Billeroth, son rôle ne serait que secondaire.

Plusieurs opinions sont en présence pour expliquer l'augmentation de chaleur. Pour M. Marey, il y a dans la fièvre un nivellement de la température, plutôt qu'un échauffement absolu. Traube croit que la contraction des petites artères des organes splanchiques élève la température en empêchant le sang de venir se refroidir à la surface du corps. A quoi on peut répondre que le frisson manque souvent au début de la fièvre, et qu'enfin, quand il existe, la contraction des petites artères splanchiques aurait précisément un effet opposé à celui que suppose Traube : le sang viendrait, au contraire, se refroidir à la périphérie. On a mis sur le compte de l'augmentation des frottements celle qu'on constate dans la température. M. Desnos rejette cette explication comme trop mécanique. On peut en outre douter que les frottements soient en réalité augmentés; les voies étant plus larges, les frottements devraient être diminués, au moins dans les vaisseaux qui n'admettant ordinairement qu'un globule à la fois, en admettent plusieurs après leur dilatation.

L'oxydation plus énergique qui se produit dans les tissus est évidemment une source de chaleur ; enfin, quand on remarque que l'état fébrile, à sa période d'augment, s'accompagne du tarissement d'un certain nombre de sécrétions, on peut se demander si ce n'est pas là une conséquence de la loi de transmutation des forces : une certaine quantité de chaleur doit se trouver sans emploi et contribuer ainsi à l'élévation de la température générale.

Hypérémie des centres nerveux. — *Délire hypérémique.* — M. Goujon, après avoir lié les deux carotides chez un chien, fut fort étonné de constater, à l'autopsie, une vive injection des méninges, qui lui semblait bien loin de répondre à l'obstacle mis au cours du sang destiné à l'encéphale : les vaisseaux étaient considérablement dilatés, les méninges adhérentes contenaient une certaine quantité de pus, et cependant un caillot obturait chacune des carotides au-dessus et au-dessous de la ligature. Il est vrai que les artères vertébrales étaient considérablement dilatées. — Dans une autre expérience, il respecta les carotides, mais pratiqua la section du grand sympathique cervical de chaque côté, et les mêmes lésions que dans la première expérience furent les conséquences de cette opération. La section, la paralysie du grand sympathique amène donc une dilatation vasculaire capable, par l'appel qu'elle fait à la circulation collatérale de suppléer, même surabondamment, au déficit que cause la ligature des carotides.

J'ai cité, d'ailleurs, dans un précédent chapitre de cette thèse, les expériences de Donders, qui, après avoir enlevé la voûte crânienne, put observer la dilatation vasculaire des méninges, à la suite de la section du grand sympathique cervical.

Toutes les fois que le degré normal d'injection sanguine d'un organe vient à être dépassé, les fonctions de cet organe se troublent par cela même. Il en est de même, nous le verrons en traitant de l'ischémie, quand ce degré normal cesse d'être atteint. Le cerveau n'échappe pas à cette règle, et sa principale fonction, l'action de penser, subit des troubles quantitatifs ou qualitatifs, selon le degré de l'altération organique. Le délire jactitant, loquace, avec exubérance anormale dans la production des idées, occupe un échelon; le coma, avec annulation de la pensée, en occupe un autre. Mais ce trouble, ainsi que je le disais tout à l'heure, peut tenir à l'hyperémie aussi bien qu'à l'ischémie, toutes deux également distantes l'une au-delà, l'autre en-deçà du degré normal, seul efficace au point de vue de la fonction. Ce diagnostic, dont l'importance est capitale pour le traitement du délire, peut se baser sur l'époque de son apparition, qui, dans les cas d'hyperémie dont je m'occupe actuellement, sera plus rapprochée du début ou de la période d'état de la maladie que de sa période de déclin; peut-être sur sa nature : il sera plus volontiers bruyant que dans l'ischémie; mais c'est surtout dans l'état du système oculo-pupillaire que le médecin pourra trouver les meilleures indications. « Si le visage est enluminé, dit M. Gubler, la tête brûlante, si les pupilles sont étroites et les yeux injectés, il est probable que c'est un délire symptomatique d'une hyperémie ou d'une phlogose cérébrale à laquelle convient le traitement antiphlogistique. » D'après ces signes, M. Gubler range dans la classe des délires hyperémiques celui qu'on observe fréquemment dans la pneumonie, en même temps que la rougeur de la pommette; l'hyperémie du cerveau a pour lui la même valeur, la même cause et le même mode de formation que celle qui survient dans la joue. La congestion oculaire est une sorte d'annexe de la congestion cérébrale, et M. Bouchut a montré la coïncidence de la congestion rétinnienne avec les affections hyperémiques du cerveau chez les enfants; cette congestion n'a, du reste, d'autre valeur que celle qu'on constate à l'œil nu dans l'iris.

ISCHÉMIE.

Nous venons de passer rapidement en revue les troubles consécutifs à la paralysie vaso-motrice, c'est-à-dire à la dilatation des vaisseaux. — Les mêmes causes dont nous avons étudié l'influence paralysante peuvent produire l'effet tout contraire, qui est analogue à la galvanisation ; et cela de deux façons : l'organe, soumis à leur influence, peut se trouver au préalable dans des conditions opposées; l'intensité d'action de ces causes peut varier comme leur mode d'application. C'est ainsi que la galvanisation modérée peut faire contracter les fibres musculaires des vaisseaux, à titre d'excitant, et que la galvanisation énergique peut paralyser le même élément, agissant sur lui au même titre que la section du nerf qui l'anime.

Il est des organes, les glandes, par exemple, pour qui l'ischémie crée des conditions précisément inverses à celles de l'hyperémie : les expériences de M. Cl. Bernard l'ont démontré ; nous n'y reviendrons pas ; il eût pu difficilement en être autrement ; car le sang ne joue pas seulement sur leurs nerfs le rôle d'excitant ; il est est encore la matière première où elles doivent puiser les éléments constitutifs de la sécrétion.

D'autres organes, le cerveau, par exemple, n'attendent du sang qu'une excitation qui, selon qu'elle sera nulle ou tellement exagérée, qu'elle équivaudra à une destruction, pourra produire dans l'un et l'autre cas des effets analogues : nous avons mentionné l'existence de deux variétés de délire et parlé de la première; nous verrons bientôt la seconde.

Les effets de l'ischémie sur un grand nombre d'organes ont été beaucoup moins étudiés par les physiologistes que ceux de l'état inverse ; le médecin a rarement occasion de les observer dans un état d'isolement favorable à leur observation ; enfin, dans les cas les mieux connus, l'influence d'un trouble nerveux primordial est loin d'être démontrée. C'est souvent une affaire de compression mécanique, dans la cirrhose par exemple; dans l'atrophie jaune aiguë du foie, on chercherait en vain dans les auteurs, vu l'état actuel de la science, à se rendre compte de la part du système nerveux, si tant est qu'il en prenne une de quelque importance. Si je mentionne donc l'acholie dans cette étude du système vaso-moteur, c'est plutôt conduit par la voie rationnelle que par des faits rigoureusement observés.

J'en dirai autant des dégénérescences atrophiques du rein qui s'accompagnent d'anurie et de toute la série des accidents urémiques.

Névroses vaso-motrices ischémiques.—A côté de la grande classe des névroses congestives doit se placer toute une série de névroses, qui, à l'inverse des premières, trouvent un soulagement dans la chaleur, une aggravation dans le froid. Les phénomènes qu'on trouve ici du côté dn système vaso-moteur sont tout opposés à ceux que nous avons étudiés en commençant.

Pour Dubois-Reymond, la *migraine* donnerait lieu à des phénomènes vaso-moteurs de cet ordre : il a toujours observé sur lui-même, dans les accès de cette maladie, la dilatation de la pupille et la pâleur de la face. La fin des souffrances serait annoncée par le retour de la congestion oculaire et auriculaire; c'est alors qu'à titre de crise, eût-on dit autrefois, à titre d'hypercrinie congestive, dirons-nous aujourd'hui, apparaissent parfois le larmoiement, le coryza, parfois l'épistaxis. Du reste, Dubois-Reymond a soin de le dire, cette affection non identique dans bien des cas pourrait parfois être congestive. Ce serait-là une justification des idées que nous avons précédemment émises au sujet du délire. Le mécanisme est encore ici réflexe, le centre de réflexion sans doute le centre oculo-spinal.

D'après Brown-Séquard, c'est encore dans ce chapitre qu'il faut ranger l'*épilepsie*. La pâleur de la face au début de l'accès mettrait l'épilepsie à côté de la galvanisation du grand sympathique cervical; et la contraction des muscles vasculaires serait parallèle à celle des muscles de la face, du cou et du thorax. La seconde période de l'attaque épileptiforme faisant, par la congestion qu'elle détermine, cesser la première, on continuerait les effets par un mécanisme opposé, mais producteur du même phénomène, la convulsion.

Nous avons précédemment cité des exemples d'hypertrophie consécutive à des névralgies rebelles de la face; nous avons montré comment ces faits trouvaient leur place à côté des expériences qui consistent à produire l'hypertrophie d'un membre par la section des nerfs vasomoteurs qui s'y rendent; tous ces phénomènes trouvent leur explication dans l'afflux plus considérable du sang.

Ce sont parfois des phénomènes opposés qui succèdent à ces névralgies : Valleix, M. Louis, M. Notta, ont signalé l'atrophie du membre inférieur, à la suite de névralgies sciatiques rebelles. J. Franck a signalé l'atrophie du membre supérieur consécutive à une névralgie cubitale. M. Bonnefin, dans son excellente thèse sur l'atrophie musculaire consécutive aux névralgies, a publié dix-neuf observations qui lui sont personnelles et un grand nombre d'autres empruntées à MM. Charcot, Duchenne, Vidal, Brown-Séquard et Rayer. L'hypothèse donnée par M. Notta au sujet de ces cas d'atrophie d'une lésion de nutrition dépendante de l'état morbide du nerf, M. Bonnefin la confirme et la corrobore par l'explication suivante : « La douleur, siégeant dans les troncs nerveux, excite la moelle épinière, qui réagit sur les nerfs vaso-moteurs et détermine la diminution du calibre des vaisseaux du membre affecté de névralgie, d'où son abaissement de température et par suite l'insuffisance de la nutrition des muscles. » Cette explication, conforme aux données de la physiologie, est évidemment la vraie.

Ici doit trouver sa place l'affection décrite par M. Gubler sous le nom de *paralysie amyotrophique*. Il a montré que cette affection, indépendante de toute espèce de trouble organique ou fonctionnel du système nerveux moteur des muscles, n'avait sa cause que dans une exagération dénutritive de ces organes, dont la dissolution progressive « versait dans le torrent circulatoire des flots d'albumine.... Cette albumine en excès était rejetée au dehors par l'appareil rénal. » Cette dénutrition, qui peut être partielle ou générale, tient sans doute à un trouble de la circulation intime des muscles malades, et ce trouble est consécutif à une altération des filets vaso-moteurs ou des centres eux-mêmes.

Frisson, algidité. — Jusqu'ici, dans cette seconde partie : Ischémie, le chemin que nous avons parcouru est symétriquement opposé à celui que nous avons suivi dans l'étude de l'hyperémie. Ici encore, à l'opposé de la fièvre, nous trouvons le frisson, l'algidité. Point pour point, les phénomènes sont ici complétement inverses : la chaleur est diminuée, la tension augmentée, le pouls à peine sensible, le sang noir. Le système musculaire des vaisseaux est contracté, comme se contracte le système musculaire strié. Mais, de même que dans la fièvre, nous avons vu que le système nerveux vaso-moteur n'était pas dans tous les points de l'organisme également paralysé, de même ici la galvanisation n'est pas générale; tandis que le système vasculaire périphérique est contracté, que la température s'y trouve assez abaissée pour donner cette sensation analogue à celle du marbre, le thermomètre plongé dans le rectum indique une élévation réelle de température. M. Gavarret a vu la chaleur exprimée dans l'intervalle des accès par 36°, s'exprimer pendant le stade de frisson par 40°. Dans la période algide du choléra, l'abondance du flux intestinal témoigne d'une paralysie vaso-motrice de l'intestin, révélée du reste à l'autopsie par la psorentérie et l'injection de la muqueuse, tandis que le système vasculaire périphérique est au contraire fortement contracté; mais la déperdition de chaleur n'en est pas moins difficile à réparer chez le cholérique, à cause de la spoliation considérable dont il a été victime. On voit au contraire, après le simple accès paludéen, la chaleur et la sueur revenir rapidement, aucun phénomène de semblable spoliation n'ayant eu lieu. Un des phénomènes, pour ainsi dire, mécaniques de la contraction vasculaire, est la diminution de volume des organes opposée à la mégalie de ceux-ci dans l'état vasculaire inverse. On sait avec quelle rapidité survient ce qu'on prendrait volontiers pour de l'amaigrissement dans la période algide du choléra à son début et dans le frisson de l'accès pernicieux; le gonflement de la rate indique que des phénomènes tout opposés se passent dans cette glande.

Henle a posé cette loi que : « les fibres des vaisseaux, comme celles de tous les muscles organiques, ne peuvent se contracter qu'à la condition de se relâcher ensuite. » L'alternance de l'irrigation des organes par le sang est en effet une des conditions de leur fonction ; ces périodes se suivent d'une façon d'autant plus rapprochée, que les phénomènes qui les caractérisent sont plus tranchés; et, par une oscillation qu'on voit souvent dans la nature, la moyenne est d'autant plus dépassée, qu'il s'en est fallu davantage qu'elle ne fût atteinte dans la période précédente. On voit en effet après le stade de frisson, avec abaissement de la température périphérique, survenir la chaleur vive de ces régions et les phénomènes consécutifs de l'hypercrinie y prendre un grand développement. M. Gubler, dans la période de réaction du choléra, a signalé la coïncidence constante de la glycosurie et de l'hyperémie du foie; un grand nombre d'observateurs ont signalé l'apparition d'exanthèmes.

Tous ces phénomènes ont leur cause dans la paralysie vasculaire, qui succède à la galvanisation.

Ischémie du cerveau. Délire ischémique. — Astley Cooper, comprimant chez un lapin les deux vertébrales, après la ligature des carotides, vit se produire des convulsions qui se suspendaient lorsqu'il cessait d'arrêter le cours du sang dans les artères vertébrales. Kussmaul, Tenner, ont obtenu des résultats semblables; — Brown-Séquard a vu des mouvements convulsifs succéder à la galvanisation des deux filets cervicaux du grand sympathique.

Lorsque l'anémie vient à se localiser plus spécialement dans les lobes antérieurs, on voit survenir un trouble variable de la pensée, du délire, parfois du coma. Le délire ischémique, dans sa manifestation symptomatique la plus facile à constater, la nature, le nombre et l'enchaînement des idées, n'est pas toujours identique à lui-même. Chez l'alcoolique, il affecte souvent, à cet égard, une forme analogue à celle du délire hyperémique. — Il n'en existe pas moins : — le défaut de la congestion et de l'excitation auxquelles il est habitué peuvent créer pour le cerveau de l'alcoolique des conditions d'anémie relative ; comme aussi il peut se faire que par suite des progrès de l'alcoolisme même ou d'un élément inflammatoire accidentellement surajouté, la congestion et l'excitation normales soient dépassées et donnent naissance à un délire hyperémique.

Quoi qu'il en soit de l'identité souvent apparente du trouble fonctionnel, c'est encore au système oculo-pupillaire qu'il faut avoir recours pour être édifié sur la nature du délire. Je laisse parler M. Gubler : « C'est, au contraire, un délire dit nerveux, si les yeux et le visage sont pâles et frais, si les pupilles sont moyennes ou un peu grandes; dans ce cas les alcooliques sont indiqués. » Le délire qui nous occupe apparaît souvent au déclin des maladies; tantôt il apparaît brusquement, en même temps que l'état général paraît subitement s'améliorer, et que la fièvre diminue ou tombe même complétement. On peut se demander si, dans ce cas, la chute de la fièvre à l'apparition du délire n'est pas une conséquence de la loi de substitution des forces. Cette opinion est professée par M. Lorain, ainsi qu'il a bien voulu me le dire dans une communication orale; les travaux de M. Gavarret, de M. Gubler, ont du reste montré l'importance de cette loi dans l'explication d'un grand nombre de phénomènes qu'on eût pu attribuer jadis à la métastase.

Tantôt il apparaît à une période plus avancée encore de la maladie ; c'est surtout après les maladies de longue durée dont l'émaciation et l'anémie la plus prononcée ont été les conséquences. Le délire est alors généralement doux et tranquille ; il a pour éléments des hallucinations de divers sens, et l'impuissance du cerveau à distinguer ce qu'il y a de trompeur dans les renseignements fournis par ces sens. C'est un délire du même genre qui a été décrit par Chomel dans les états dyspeptiques. M. Andral a signalé le caractère calme et tranquille de ce délire de la convalescence. C'est encore cette forme que M. Becquet a signalée sous le nom de délire d'inanition dans les maladies; il en rapproche l'état cérébral causé par la seule inanition sans antécédent fébrile, qui a été observé chez les naufragés de *la Méduse*. M. Hermann Weber désigne sous le nom de *delirium of collapse*, les hallucinations avec prostration des forces qu'il a également observées dans le déclin des longues maladies.

THÉRAPEUTIQUE.

Nous venons de voir combien est grand le nombre des phénomènes pathologiques qui relèvent d'un trouble de l'innervation vaso-motrice. On peut donc espérer, en s'adressant directement au système nerveux vaso-moteur, modifier au profit du malade, c'est-à-dire en les rappelant à leur niveau physiologique, les fonctions qui en ont été déplacées par une influence délétère. Mais les connaissances généralement répandues sur l'action des médicaments sont trop peu précises pour entrer sûrement dans cette voie d'une thérapeutique rationnelle. C'est donc à l'expérimentation qu'il faut d'abord demander la clef d'un arsenal thérapeutique sûr et vraiment curateur. Bien qu'excellentes et précieuses par la liberté dont jouit l'expérimentateur par rapport à l'expérimenté, les observations sur les animaux ont l'inconvénient de prêter le flanc à la critique qui demande si les choses se passent bien chez l'homme et chez ceux-ci d'une manière identique; elles ont en outre celui, à mon avis beaucoup plus grave, de ne renseigner qu'incomplétement sur une foule de phénomènes, qui, pour être minimes, n'en sont pas moins importants à connaître pour le médecin, et que nous ne pouvons constater chez les animaux.

Quoi qu'il en soit, à trop d'égards ce mode de recherche est précieux, il a déjà donné trop de résultats pour qu'on songe à l'abandonner. C'est chez l'homme que j'ai cherché à étudier l'action de quelques-uns des médicaments les plus usités; et je me suis borné, dans cette très-modeste recherche, à l'étude de la tension constatée au moyen du sphygmographe.

Issu des tendances scientifiques modernes, le sphygmographe apporte à la médecine le secours des sciences mathématiques, et donne à l'observation clinique, à laquelle il doit servir de complément, la rigueur et la précision conformes aux principes de la méthode positive.

Quoique déjà fécond en résultats, cet instrument en promet encore un grand nombre; mais c'est à la condition qu'au lieu d'en faire l'apanage des spéculations de la science pure, les médecins qui se sont voués d'une façon moins exclusive à la science se familiariseront avec son emploi.

La thérapeutique doit demander au sphygmographe les lumières qui ont éclairé la physiologie par les mains de M. Marey. C'est dans ce but que j'ai réuni les renseignements que m'a fournis le sphygmographe dans l'étude de plusieurs agents thérapeutiques.

Cet instrument indique surtout quelles sont les modifications de la tension artérielle, modifications qui sont dues à l'état du cœur ou à celui des vaisseaux. On sait, en effet, que l'élévation du tracé sphygmographique est en raison inverse de la tension du sang dans les vaisseaux. Mais l'emploi de l'instrument, dans cette recherche, présente un danger que j'ai hâte de signaler et qu'il est facile d'éviter. M. Marey a adapté au ressort de son sphygmographe une vis de réglage, qui permet d'exercer sur l'artère une pression plus ou moins forte, dans le but d'obtenir une amplitude maxima capable de mieux laisser apprécier les détails du tracé.

Si la tension chez le malade est forte, on augmente la pression ; si la tension est peu élevée, on diminue la pression de la vis. Mais, en faisant ainsi varier la vis de pression, il serait aisé de fournir des séries artificielles à tension croissante ou décroissante. C'est donc à la condition de se servir de l'instrument avec une pression constante que les renseignements qu'il donne sur la tension peuvent acquérir quelque valeur. Quant au tracé lui-même, je n'insisterai pas sur sa lecture.

La ligne d'ascension est d'autant plus élevée que la pression est moindre.

Elle se rapproche d'autant plus de la verticale que la projection du sang par le cœur a lieu avec plus de force et plus de rapidité. Le sommet de la pulsation affectera la forme d'un *plateau* toutes les fois que la tension demeurera, pour un certain temps, constante dans les vaisseaux ; quand, par exemple, il y aura, pour un moment, équilibre entre la recette par le cœur et l'écoulement par les capillaires.

Le plateau serait un phénomène constant, n'était l'intervention d'un double élément à chaque ondée, mis en jeu par le choc même du liquide, l'élasticité et la *contractilité*, qui transforment le mouvement saccadé du cœur ou une force plus uniforme : la tension artérielle.

C'est parce que ces conditions sont en partie remplies par la perte sénile de l'élasticité, que le pouls des vieillards est caractérisé par un plateau.

Ces conditions se rencontrent encore sous l'influence

de certains agents thérapeutiques qui agissent ici de deux façons différentes :

Lorsque le vaso-moteur se trouve à peu près complétement paralysé et que la tension dans le système artériel s'est abaissée considérablement, la contractilité n'existe pour ainsi dire plus ; l'élasticité se trouve impuissante à transformer l'action cardiaque ; la paroi ne rend plus en pression sur le liquide la pression centrifuge qu'elle a reçue de l'ondée cardiaque ; la tension reste un instant constante, et le levier demeure en repos, décrivant sur la plaque animée d'un mouvement horizontal une ligne parallèle à ce mouvement : un plateau.

Lorsqu'au contraire le système vaso-moteur se trouve à un haut degré galvanisé, que la contraction vasculaire réduit autant que possible le calibre des vaisseaux en augmentant considérablement la pression, les parois vasculaires, pour ainsi dire *tétanisées*, deviennent assimilables à des parois rigides, incapables d'être refoulées par l'ondée cardiaque, comme de refouler à leur tour le liquide qu'elles renferment ; ici encore, formation d'un plateau. Dans certains cas même, le raccourcissement de la ligne d'ascension comme de la ligne de descente fait du plateau l'élément prédominant du tracé : on obtient une ligne horizontale à quelques ondulations légères.

Quant aux modifications qui surviennent dans la fréquence du pouls, le sphygmographe rend compte des moindres qui se puissent produire, puisque la plaque accomplit sa course horizontale dans l'espace constant de dix secondes.

Mes recherches ont été faites soit sur des malades en cours de traitement, soit sur des malades guéris ou exempts de toute affection générale.

Dans les deux cas, j'ai eu le bonheur d'être appuyé par

la bienveillance et les enconragements de mon excellent maître M. Axenfeld.

Enfin, et cela a été pour moi une précieuse confirmation, j'ai pu constater avec plaisir l'identité de ces résultats sphygmographiques avec ceux qu'a fournis l'observation clinique à mon affectionné maître M. Gubler. Les opinions de cet habile thérapeutiste sont, du reste, magistralement développées dans un livre sur le point de paraître au moment où j'écris; et j'ai pu faire, dans ce travail, un grand nombre d'emprunts aux idées générales contenues dans cet ouvrage, dont l'auteur a bien voulu me donner la primeur.

Je diviserai les médicaments dont j'ai pu observer l'action en deux classes : — 1° les agents paralysants du vaso-moteur, ou qui abaissent la tension; exemple : l'*opium*; — 2° les agents galvanisants du vaso-moteur, ou qui élèvent la tension : *digitale, sulfate de quinine, belladone, acide arsénieux, ergot de seigle.*

1° *Opium*. D'une façon générale, c'est surtout l'expression du rapport existant entre plusieurs faits, qui constitue l'idée générale qu'on doit se faire de ces faits. Dans l'objet qui nous occupe, ce sont surtout les variations relatives de la tension que j'ai eues à chercher. En un mot, c'est du point de départ de l'observation qu'il faut tenir compte. Tel tracé pris sur un malade indiquera une diminution de la tension par rapport au tracé précédent, qui cependant sera le signe d'une tension encore assez élevée (1).

J'ai pris des tracés avant et après l'administration de 5 à 20 centigrammes d'opium par jour.

(1) 64 tracés devaient appuyer les conclusions de ces recherches; j'ai dû, pour ne pas surcharger ce travail, en restreindre le nombre à 25.

Dans tous, on peut constater une élévation croissante du tracé, consécutive à la diminution parallèlement décroissante de la tension; dans l'un de mes tableaux, où le malade présentait au début une très-forte tension, la diminution était très-sensible, bien que le dernier tracé indique encore une tension assez élevée.

A mesure que la tension diminue, la ligne d'ascension se rapproche de la verticale, par suite de l'afflux plus facile et plus rapide de l'ondée cardiaque.

Dans l'un de ces tracés où la tension atteint son mini-

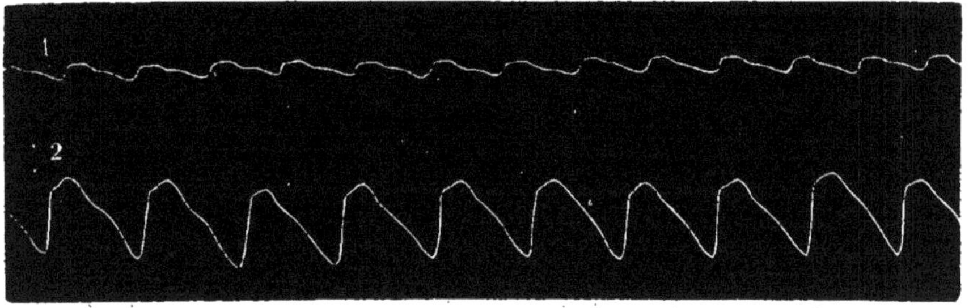

mum, on peut voir l'apparition d'un sommet à plateau par suite de la paralysie vaso-motrice (tracé n° 1, avant opium; tracé n° 2, après opium). La perte de la contractilité a fait de la paroi artérielle une membrane inerte qui n'agit plus avec la même rapidité sur l'ondée sanguine. Enfin, l'obliquité de la ligne de descente indique l'écoulement plus facile du sang par les petits vaisseaux; en même temps, apparaît le rebondissement ou dicrotisme, phénomène caractéristique d'une faible tension.

Sur l'un de ces tracés, on voit, en outre, le nombre des pulsations s'accroître d'une façon progressivement inverse à la tension. C'est là une confirmation de la loi posée par Marey : le nombre des pulsations croît en raison inverse de la tension (tracé n° 3, avant opium; tracé n° 4, après opium).

L'opium agit donc dans le même sens que la section du grand sympathique. Ici, la sécheresse des muqueuses, là

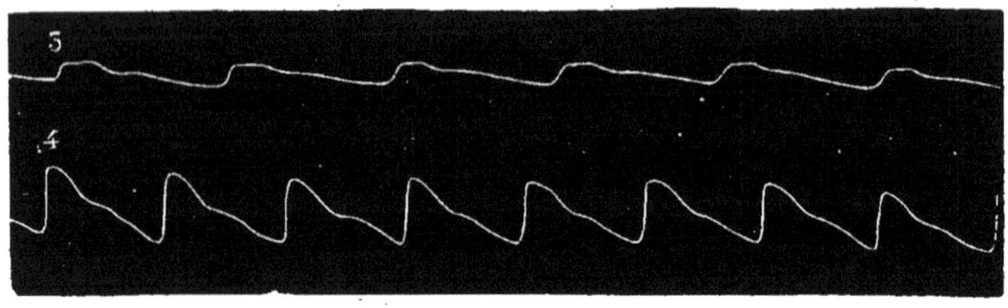

chaleur à la peau sont les phénomènes constatés par le médecin; là, la rougeur des tissus, l'élévation de la température sont les phénomènes observés par le physiologiste. L'opium paralyse les filets du grand sympathique qu'envoie le ganglion cervical supérieur au ganglion ophthalmique et de là aux fibres rayonnées de l'iris, comme il paralyse les filets vasculaires du grand sympathique. La pupille se contracte par l'action désormais isolée des fibres circulaires.

Ici encore, il agit au même titre que l'ablation du ganglion cervical supérieur, ou que la section des filets supérieurs qui s'en détachent.

Plusieurs faits cliniques sont parfaitement d'accord avec cette conclusion de l'action paralysante de l'opium sur les filets vaso-moteurs; en 1846 la *Gazette de Londres* a publié l'observation d'une femme, qui, empoisonnée par 30 grammes de laudanum, sortit rapidement de l'état comateux où elle était plongée par l'application d'un des pôles d'un appareil électro-magnétique au front, et de l'autre à la partie supérieure de la colonne vertébrale; l'électricité agissait ici en faisant, à l'inverse de l'opium, contracter les filets vaso-moteurs cérébraux. Le Dr Bird obtint par le même procédé un succès analogue sur un enfant; — le Dr Yram put également faire cesser en un quart d'heure les effets soporeux de l'opium par l'application d'un des pôles à la nuque, et de l'autre au périnée. — Le Dr Limousin qui a vanté, peut-être même d'une façon trop générale, les bons effets de l'opium dans le traitement du délire compliquant la fièvre typhoïde, admet qu'il agit ici en déterminant une congestion substitutive. Je ne crois pas qu'il soit nécessaire de faire intervenir ici l'action substitutive; la physiologie explique suffisamment les effets de la congestion simple. Pinel s'exprime à propos de l'opium en termes qui sont tout à fait d'accord avec l'opinion que j'ai pu me faire sur l'action de ce médicament : « Il augmente, dit-il, la chaleur animale, rend la respiration plus fréquente, détermine un raptus de sang vers la tête;......... il inspire de la gaieté à la manière des liqueurs vineuses, provoque le sommeil en augmentant la rougeur de la face. » Il rapproche la sensation voluptueuse qui pousse les orientaux à l'usage de l'opium, de celle que disent avoir éprouvée certaines personnes revenues d'un état voisin de l'agonie. On pourrait peut-être donner la même explication de l'extase voluptueuse présentée par certaines hystériques; surtout quand on songe à la fréquence des congestions locales chez ces malades. M. Gubler explique par la propriété congestionnante de l'opium, la difficulté avec laquelle le cerveau des enfants généralement plus hyperémié que celui de l'adulte, supporte ce médicament, tandis qu'au contraire, il supporte à merveille le sulfate de quinine dont nous verrons tout à l'heure les effets opposés : M. Cahen cite l'exemple d'un enfant qui eut des accidents graves à la suite de l'administration d'une cuillerée à café de sirop de lactucarium. Enfin, M. Claude Bernard a constaté, à la suite d'une injection de morphine chez un lapin, la dilatation des capillaires de l'oreille de cet animal, avec augmentation de chaleur et rutilance du sang veineux. — Comment, par quel mécanisme agit l'opium? Il y a là un voile qu'il n'est pas encore permis de soulever; il est important, toutefois, de noter l'observation qu'a faite M. Pierre Roudanovski sur l'état de la myéline dans l'empoisonnement par l'opium : il a remarqué une altération, dont il ne fait pas connaître la nature, mais qui lui a paru constante. Il peut se faire, en effet, que certains poisons, dont l'action est générale, aient une détermination locale sur les organes centraux : c'est ainsi qu'il a constaté que la nicotine amenait une pigmentation particulière et même une destruction complète de la cellule nerveuse et de ses prolongements.

Je n'ai parlé jusqu'ici que de l'opium dont l'effet n'est, comme on sait, qu'une résultante. Tout porte à croire que ces propriétés sont celles de la morphine, de la narcéine et de la codéine, qui, d'après les recherches de M. Claude Bernard, jouissent, à l'exclusion des autres alcaloïdes de l'opium, de la propriété dormitive.

Je ne citerai à l'appui de ce qui précède que quelques observations, que je résumerai en peu de mots :

OBSERVATION Ire.

Cachexie palustre. — Anémie cérébrale. — Opium. — Amélioration rapide.

Le nommé Chevalier, âgé de 33 ans, marin depuis l'âge de 18 ans, entre, le 6 avril 1866, à l'hôpital Beaujon, dans le service de M. Gubler.

Il a fait l'expédition de Crimée où il eut pendant deux mois le scorbut. Plus tard, dans un voyage à Saint-Domingue, il fut pris d'une fièvre intermittente quotidienne. De retour en France avant sa guérison, il repartit pour Saint-Domingue dans le même état de souffrance; enfin, revenu il y a peu de temps, il emploie le congé qui lui a été accordé à exercer la profession de charpentier. Il a fait pendant ses voyages un abus considérable des boissons spiritueuses, auxquelles il a maintenant tout à fait renoncé.

État au moment de l'entrée. L'aspect cachectique du malade est caractéristique ; personne n'hésite à prononcer *de visu* le nom de *cachexie palustre*. Les gencives sont livides, la pupille extrêmement dilatée, la vue troublée, et la marche gênée par des vertiges. La rate est peu volumineuse.

Avant tout traitement, M. Gubler prescrit une pilule d'opium de 0,025 chaque jour.

Le lendemain, la pupille est diminuée ; pour la première fois, le malade a pu marcher sans être étourdi, et le sommeil, depuis longtemps disparu, est revenu.

Au bout de quelques jours un régime tonique a été institué, et le malade a pu quitter l'hôpital dans un état d'amélioration très-sensible.

Cette observation n'a pas besoin de commentaires.

OBSERVATION II.

Empoisonnement par un carbure d'hydrogène. — Opium. — Guérison.

Un domestique de 25 ou 26 ans, couché au premier étage, dans une chambre qui communique avec l'escalier d'un épicier ; son maître raconte que depuis quelques jours il y avait dans l'escalier et dans la chambre une odeur très-forte de *gaz d'éclairage*, ou de *pétrole*, ou de *benzine*, il ne sait trop.

Un soir, l'odeur était si forte qu'il veut empêcher son domestique d'y coucher. Celui-ci le fait néanmoins, et, le lendemain matin, on le trouva asphyxiant.

Quatre médecins successivement appelés usent de la saignée, des vésicatoires à la nuque, des sinapismes jusqu'à escarrification, et de l'électricité. Tous ces moyens échouant, on amène le malade à l'hôpital Beaujon dans la journée, service de M. Sée. J'étais de garde ; il était quatre heures du soir.

État du malade. Le malade est pâle, dans le coma depuis le matin ; la pupille extrêmement dilatée, la peau anesthésiée. Je constate un râle trachéal très-intense, et de l'écume bronchique tout autour des lèvres ; le pouls est insensible ; les muscles sont agités de contractions fibrillaires.

J'ordonne 20 gouttes de laudanum : le lendemain matin, le malade était assis sur son lit, causant avec une parfaite intelligence ; la pupille était normale.

Deux jours après, j'appris qu'il mangeait très-bien, que la pupille était redevenue un peu large.

OBSERVATION III.

Délire alcoolique. — Teinture de digitale sans effets. — Opium. — Guérison.

Au nº 31 de la salle Saint-Lazare, dans le service de M Axenfeld, était couché un homme, ancien soldat, buveur de profession. Il était entré à l'hôpital avec de l'abattement, de l'embarras et de la lenteur dans la parole, de l'amaigrissement. On pensait au début d'une paralysie générale.

Deux ou trois jours après son entrée, il est pris de délire, et les mots du répertoire des buveurs reviennent souvent dans son langage.

On ordonne 4 grammes de teinture de digitale.

Le lendemain, on apprend de la sœur que le délire a été plus violent que la nuit précédente. La pupille, qui la veille était moyenne, s'est sensiblement dilatée.

M. Axenfeld ordonne 0,10 d'opium ; la pupille se contracta, et le malade n'eut plus de délire.

Je ne veux pas multiplier ces observations. Dans toutes celles que je pourrais citer encore, l'indication a toujours été presque infailliblement puisée dans l'état des pupilles.

Sommeil. Il n'est pas sans intérêt de rapprocher de ces

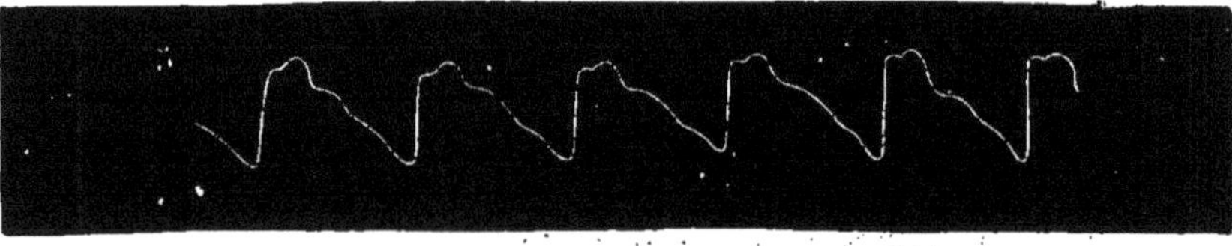

tracés consécutifs à l'administration de l'opium un tracé que j'ai pu prendre sur un homme sain et profondément endormi (tracé nº 5).

Ce tracé est presque identique à celui de mes tracés obtenus par l'opium qui présente la plus faible tension (n° 2). Là, comme ici, grande élévation du tracé accusant une très-faible tension; ligne d'ascension verticale; plateau; descente rapide avec rebondissements. Flemming, par la compression de la veine jugulaire, produisit le sommeil avec des rêvasseries.

Alcool. A l'opium j'ajouterai l'alcool. N'ayant pas d'expériences personnelles sur les variations de la tension à la suite de l'usage de cette substance, je n'en parlerai que pour rappeler la similitude d'action et d'indications qu'il présente avec l'opium. Ses propriétés paraissent être fort différentes suivant qu'on l'applique à l'extérieur, bien entendu dans les limites d'une absorption insignifiante, ou bien à l'intérieur.

Dans le premier cas il paraît faire contracter les petits vaisseaux; c'est ainsi qu'il est efficace pour arrêter les hémorrhagies en nappe qui se font à la surface des plaies. M. de Gaulejac a constaté qu'il retarde la formation des bourgeons charnus, et qu'il diminue la suppuration; deux phénomènes qui découlent de la contraction des petits vaisseaux.

Il est fréquent d'observer les effets de son absorption à dose copieuse; or, l'ivresse donne un tableau parfait de l'hyperémie cérébrale : contraction pupillaire, rougeur de la face, chaleur, ampleur du pouls. A l'autopsie des animaux empoisonnés par l'alcool, Ludger-Lallemand, Maurice Perrier, J.-L.-P. Duroy ont trouvé une congestion du système vasculaire, surtout du foie et du rein.

C'est en vertu de cette propriété hyperémiante que l'alcool agit lorsqu'on l'administre à l'intérieur à la suite des opérations graves : Snellen, après avoir coupé, chez un lapin, la moitié de chaque oreille, pratiqua la section du grand sympathique cervical d'un seul côté : l'oreille du côté où la paralysie vaso-motrice avait été déterminée fut cicatrisée en dix jours; l'oreille opposée ne le fut qu'au bout de quinze. Mais à cette propriété qui lui est commune avec l'opium de paralyser le vaso-moteur, l'alcool en ajoute une autre qui le différencie de ce premier médicament. Voici ce que dit, à cet égard, M. Gubler parlant des maladies où il y a perversion fonctionnelle tendant à l'adynamie : « Les alcooliques peuvent rendre des services considérables, soit en apportant un aliment respiratoire et ralentissant la dénutrition, soit en rendant agissantes des forces radicales à l'état latent, soit en cédant à chaque instant au système nerveux la force qui lui manque. »

La propriété hyperémiante de l'alcool crée pour la mesure de son emploi dans l'algidité cholérique une difficulté véritable, en prévision des accidents congestifs qu'on aura à combattre dans la période de réaction. Du reste, dit M. Béhier, en parlant des cholériques : « Beaucoup d'entre ceux que j'ai ainsi traités avec succès, étaient d'un âge avancé, » et il ajoute : « c'est là une condition toute spéciale. » C'est qu'en effet les vieillards sont sous le rapport de la richesse sanguine du cerveau dans un état tout opposé à celui des enfants; et qu'à l'inverse de ces derniers les premiers supportent parfaitement l'opium et l'alcool, trouvant en outre dans ce dernier une excitation chez eux éteinte.

A l'appui de ce qui précède je cite deux observations de délire guéri par l'alcool, elles sont dues à l'obligeance de mon collègue et ami Jollivet, qui les a recueillies l'an dernier dans le service de M. Gubler, dont il était alors l'interne :

OBSERVATION IV.

Erysipèle de la face. — Délire dans la convalescence. — Illico. — Guérison.

Victorine Marchand, âgée de 50 ans, entre, le 20 novembre, dans le servie de M. Gubler (salle Sainte-Marthe, n° 46), pour un érysipèle de la face.

Le 24. L'érysipèle était arrêté et la convalescence commençait, quand dans la nuit du 24 au 25, la malade fut prise d'un délire bruyant avec hallucinations.

Le 25. A la visite, M. Gubler note le manque de fièvre et ordonne l'illico.

Le 26. La malade a dormi toute la nuit. Plus le moindre délire.

Le 27. Exeat.

OBSERVATION V.

Varioloïde. — Convalescence. — Délire. — Illico. — Guérison.

Sicard, âgé de 31 ans, entre, le 20 novembre, dans le service de M. Gubler (salle Saint-Louis, nº 13), pour une varioloïde des plus bénignes.

Le 24. Les pustules étaient à la période de dessiccation, quand le malade fut pris, dans la nuit du 23 au 24, d'un délire léger.

Pendant la journée du 24, et surtout la nuit du 24 au 25, l'agitation fut très-grande et nécessita l'emploi de la camisolle de force.

Le 25. M. Gubler note l'absence de fièvre et prescrit l'illico.

Le 26. Le délire a cessé. Sicard a été calme toute la nuit.

Le 27. Guérison complète.

Chaleur. — A cette liste, que je ne donne pas comme complète, des agents qui paralysent le système nerveux vaso-moteur, j'ajouterai la chaleur. Magendie injecte de l'eau froide dans les veines d'un animal, et la tension *augmente*. Il injecte la même quantité d'eau *chaude*, et la tension *diminue*. La chaleur paralyse donc le système nerveux vaso-moteur. Les effets de la chaleur sur le système vasculaire qu'elle dilate, et sur les sécrétions qu'elle augmente sont bien connus. Voici ce que lit Rapou : « Dans l'air sec à 55°, la peau s'échauffe... Elle s'injecte, se gonfle ainsi que le tissu cellulaire sous-cutané... Le pouls est fort,... la face animée, et la transpiration s'établit. » Il est de notion banale que les doigts augmentent de volume par la chaleur.

Pression atmosphérique.—Enfin la diminution de pression atmosphérique augmente le nombre des pulsations et donne lieu à des hémorrhagies, ainsi que l'ont constaté tous les aéronautes et que l'ont écrit MM. Benedict de Saussure, Gay-Lussac, Lepileur.

2° Tous les autres médicaments que j'ai observés présentent à coup sûr entre eux de grandes différences d'action, sur lesquelles je n'ai pas à insister. J'ai voulu mettre en saillie leur caractère commun : la galvanisation du grand sympathique.

Digitale.—Pour ce médicament, plus que pour tout autre, il faut tenir compte de la dose, ou plutôt de l'unicité ou du fractionnement dans l'administration.

A dose élevée, unique, l'action apparaît primitivement sur le cœur lui-même. A dose fractionnée, la circulation générale m'a paru primitivement atteinte, et le cœur ne l'a été que secondairement.

Un cas d'empoisonnement par la digitale, que j'ai observé dans le service de M. Lorain, m'a fourni l'occasion d'étudier les effets de l'absorption d'une haute dose non fractionnée :

Un caractère frappe ici tout d'abord, c'est l'irrégularité rhythmique des battements du cœur. Le tracé sphygmographique montre des groupes également espacés de trois sommets pulsatils séparés par une longue descente silencieuse (tracé n° 6). Envisagé d'une autre façon, il mon-

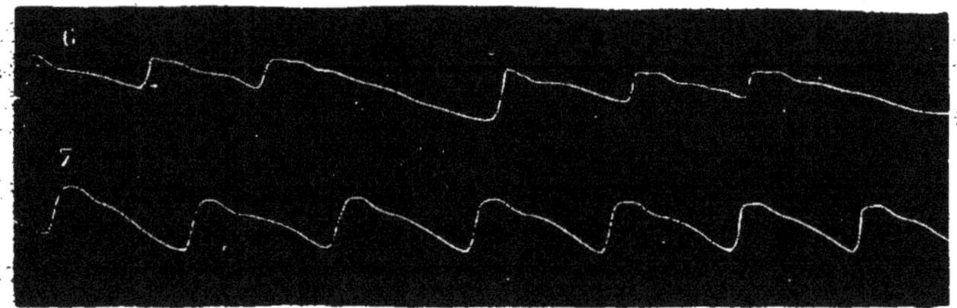

tre des groupes formés d'une pulsation longue et de deux brèves. M. Gubler compare chacun de ces groupes, au point de vue phonique, à un dactyle (— ∪ ∪).

La ligne d'ascension est verticale et indique une projection nette et rapide du cœur.

La malade était tourmentée de vomissements, de coliques et de troubles de la vue. Quelques heures après, le pouls reprenait un peu de régularité ; par moments encore, une pulsation manquait et permettait une descente complète du levier, qui traçait ainsi une seule pulsation longue au milieu de plusieurs brèves. Le lendemain, les symptômes généraux s'étaient amendés, le pouls avait repris sa régularité complète, et la ligne du tracé, notablement plus élevée (tracé n° 7), faisait apparaître, par comparaison, l'augmentation de tension de la veille. En même temps, le sommet tend, dans ce dernier tracé, à s'arrondir, ce qui indique une entrée de l'ondée sanguine moins rapide que la veille dans un milieu où la tension avait cependant diminué.

Ainsi administrée, la digitale semble donc être un agent perturbateur du cœur, mais surtout un tonique de cet organe, ainsi que l'indique la verticalité de la ligne d'ascension et l'acuité du sommet.

A dose fractionnée, la digitale semble agir primitivement sur la circulation générale, sur la tension.

Dans un de mes tracés, la digitale a succédé à l'opium

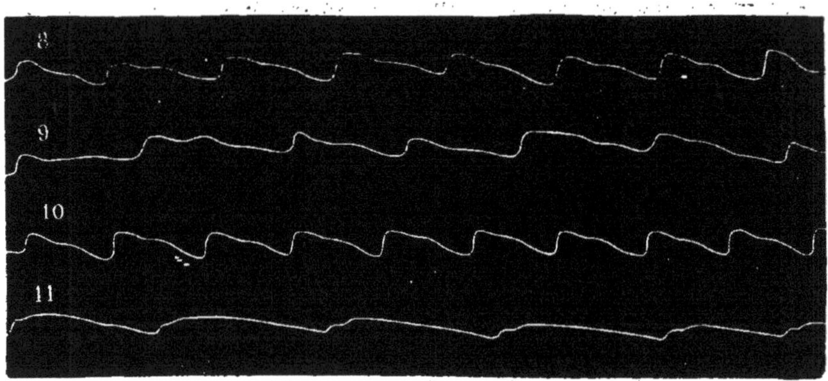

(tracé n° 8, opium); ce hasard assurait plus de netteté à l'action de la digitale, si le sens de son action était inverse de celui de l'action de l'opium.

On voit, en effet, après 20 centigrammes de poudre de feuilles de digitale (tracé n° 9, digitale), le tracé perdre beaucoup de son élévation, et perdre en outre chaque jour une pulsation pour la longueur du papier et la durée de la course de la plaque; puis tout à coup le tracé se relève, le nombre des pulsations écrites augmente de trois (tracé n° 10). Il y a là un phénomène d'accoutumance que le sphygmographe était seul en demeure de découvrir le premier.

Je signale en passant cette intervention toute pratique de l'instrument.

On élève la dose, et la tension augmente de nouveau. La ligne d'ascension devient courte et oblique; la ligne de descente décrit une courbe consécutive à la gêne de la déplétion vasculaire; le nombre des pulsations s'abaisse (tracé n° 11). — Un tracé très-analogue à celui-ci, obtenu par M. Siredey dans le traitement par la digitale, a été publié dans la thèse de mon excellent collègue M. Legroux. Mais on voit combien ces tracés diffèrent de celui que peut donner l'administration de la digitale à dose élevée et d'un seul coup (n° 6).

Chez le malade dont je présente ici le tableau sphygmographique, la cessation de la digitale ne s'était pas accompagnée de la cessation des effets. C'était la preuve écrite de l'accumulation du médicament dans l'organisme : accumulation importante à connaître et qui constitue une différence importante entre la digitale et certaines autres substances : la belladone, par exemple.

Enfin, le dernier de ces tracés montrait une diminution de tension, avec rebondissement et rareté du pouls, qui battait 50 fois par minute. Ici est intervenue une cause spéciale agissant en sens inverse de la digitale sur la tension, qu'elle diminue, tout en ralentissant le pouls : la *convalescence* d'une pneumonie. Quel que soit le moment où l'on examine un malade traité par la digitale, l'élévation de la tension et le ralentissement du pouls sont donc des phénomènes constants.

Réciproquement, la suppression de ce médicament s'accompagne toujours, au bout d'un certain temps, varia-

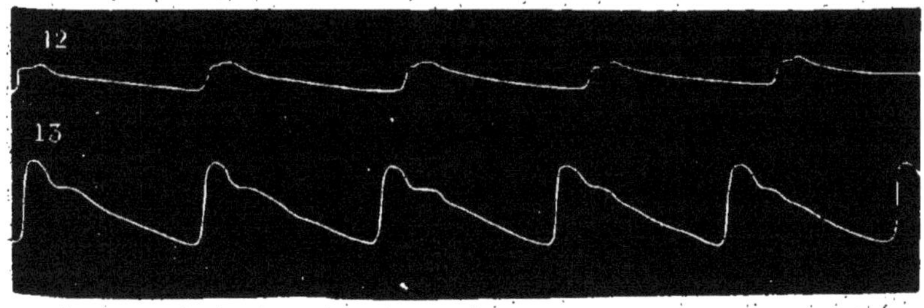

ble avec la durée et la dose, d'une diminufion dans la tension, avec augmentation de la fréquence du pouls.

Ce tableau montre cette diminution de tension consécutive à la suppression de la digitale (n° 12, pendant digitale) (n° 13, après digitale).

Certains malades présentent une tolérance particulière ; c'est lorsqu'une lésion du système circulatoire et surtout du cœur lui-même vient incessamment lutter contre les effets de la digitale, qu'on observe ces effets tardifs.

C'est dans ce dernier cas qu'on peut profiter des renseignements donnés par le sphygmographe dans la médication par la digitale à dose élevée et unique.

Les doses fractionnées, dont l'action porte primitivement sur les vaisseaux, semblent mieux remplir les nombreuses indications de la digitale en dehors des affections du cœur.

Je citerai l'exemple d'un malade atteint d'endopéricardite rhumatismale, qui, après six jours de traitement par la digitale à la dose de 20 centigrammes de poudre de feuilles par jour, présentait encore un pouls à 128, avec tension très-faible, et redoublements très-considérables (tracé n° 14).

Il a fallu arriver à la dose de 50 centigrammes en deux

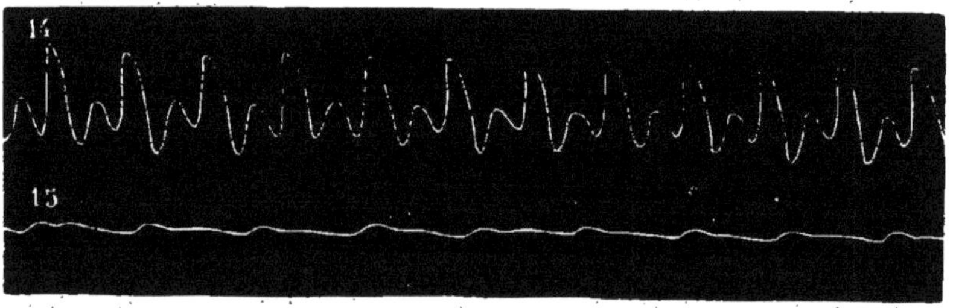

heures pour élever la tension d'une façon très-réelle, mais sans ralentissement du pouls (tracé n° 15).

Cette action de la digitale légitime parfaitement l'emploi qu'en a fait M. Duclos, de Tours, dans la pneumonie. Hirtz l'emploie dans les fièvres où prédominent la chaleur et la fréquence du pouls. Wunderlich a conseillé son emploi dans la fièvre typhoïde ; c'est, bien entendu, à la condition d'appliquer ce médicament aux formes ou aux périodes congestives qu'il pourra trouver ici quelque efficacité ; on sait d'ailleurs, et le dicrotisme du pouls l'indique assez, combien s'abaisse la tension dans cette maladie. La digitale trouvera donc, au moins contre ce symptôme, un emploi rationnel. Traübe s'en sert également contre l'élévation extrême de la température dans certaines fièvres. M. Oulmont, qui a surtout expérimenté ce médicament dans le rhumatisme articulaire aigu, fait remarquer que, dans les cas qu'il a observés, la diurèse n'est pas augmentée ; ce fait est si contraire à l'action de la digitale, qui est, à coup sûr, un des meilleurs diurétiques, qu'il doit, sans doute, trouver sa cause dans les sueurs, comme on le sait, profuses qui sont habituelles dans le cours du rhumatisme articulaire aigu ; l'hypercrinie se sera faite par la peau, au lieu de se faire par le rein. Cette action de la digitale sur la contraction musculaire des vaisseaux a été rapprochée par M. Gubler, dans ses commentaires de thérapeutique, de la cause même de son action sur le cœur. Pour lui le muscle cardiaque maintenu dans un état de tonicité plus grande aurait besoin d'une plus forte réplétion de ses cavités par le sang, leur stimulant normal, pour entrer en contraction.

OBSERVATION VI.

(Communiquée par mon collègue et excellent ami Lafont).

Delirium tremens. — Opium. — Insuccès. — Digitale. — Guérison.

Au n° 44 de la salle Saint-Ferdinand était couché un malade, buveur, atteint d'une fracture de cuisse.

Le lendemain de son entrée, cet homme est pris d'un délire gai, mais violent : il veut se lever, et son but de sortie est, comme on le pense, le marchand de vin qu'il croit voir non loin de lui. La face est enluminée par suite des efforts faits par le malade pour se détacher, mais la pupille n'est pas contractée.

Opium, 0,20. Aucune amélioration.

Le lendemain : opium, 0,20. Même délire.

A la visite suivante, on change la prescription et on donne : teinture de digitale, 4 grammes.

Depuis lors, le délire a complétement cessé.

OBSERVATION VII.

Delirium tremens. — Laudanum 40 gouttes sans succès. — Poudre de digitale 0,20 centigr. — Guérison.

Un homme entre, le 5 mai 1866, dans le service de M. Gubler, il est charretier; on apprend qu'il boit beaucoup.

A son entrée, on peut constater un délire gai qui remonte, dit-on, à quinze jours; il rit, cause, parle beaucoup; d'argent quelquefois, de vin souvent.

6 mai. On prescrit 20 gouttes de laudanum.

Le 7. Toujours beaucoup de délire. On prescrit 40 gouttes de laudanum.

Même délire le lendemain.

On diminue de 10 gouttes la dose de laudanum.

Même état pendant trois jours.

Le 10. M. Gubler ordonne : poudre de feuilles de digitale, 20 centigrammes.

Le 11. Le malade qui, jusqu'alors, avait été forcément maintenu par la camisolle de force, a pu être détaché; et, de ce jour, le délire n'a plus reparu.

Sulfate de quinine. — Je serai plus bref sur le sulfate de quinine. A l'inverse de la digitale, son action m'a semblé sûre et toujours identique à elle-même, quels que soient la dose et le mode d'administration.

Dans tous les tracés que j'ai pris, la tension augmente proportionnellement à la dose ; elle diminue de même.

Un tracé qui était d'abord élevé, à ascension brusque, verticale, à sommet aigu, à descente rebondissante (tracé

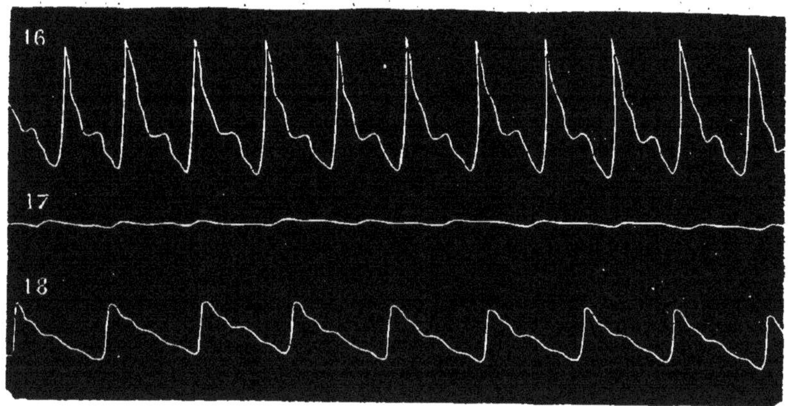

n° 16), devient une ligne dont l'ensemble est horizontal et dont chaque pulsation présente une ascension oblique, courte, un plateau, une descente allongée, curviligne (tracé n° 17 sous l'influence du médicament).

La disparition des effets suit de très-près la disparition de la cause (tracé n° 18, après suppression du médicament); aussi faut-il graduellement élever la dose, sous peine de voir la tension diminuer.

OBSERVATION VIII.

Fièvre tyhoïde avec délire. — Sulfate de quinine. — Guérison du délire. — Mort quelque temps après. — Opération césarienne.

Au n° 11 de la salle Sainte-Adélaïde, dans le service de M. Axenfeld, était couchée une jeune femme de 20 ans, atteinte d'une fièvre typhoïde et enceinte de huit mois environ.

Au douzième ou quinzième jour de sa maladie, apparaît le délire. La pupille est étroite, la conjonctive et la face injectées.

On donne : sulfate de quinine, 1 gramme.

La nuit suivante, le délire a complétement cessé.

On supprime le sulfate de quinine, et le soir même la malade est reprise de délire.

On rend : sulfate de quinine, 1 gramme, qu'on continue pendant deux ou trois fois ; cette fois, dès la reprise du traitement, le délire avait disparu pour ne pas revenir.

La malade ne devait pas cependant guérir. Arrivée au déclin de sa maladie, elle a succombé à des phénomènes de consomption ; l'opération césarienne fut pratiquée sans succès.

Les effets du sulfate de quinine sont diamétralement opposés à ceux de l'opium, M. Gubler a pu constater, après 0,25 d'extrait d'opium et 1,50 de sulfate de quinine, l'absence de toute espèce d'effet thérapeutique, quel qu'il fût, propre à l'un ou à l'autre de ces médicaments; la suppression de l'opium donna lieu immédiatement aux effets quiniques.

Voici comment M. Gubler a résumé, en 1858, ses idées sur le sulfate de quinine :

« A l'inverse de l'opium, qui exalte les fonctions organiques, congestion sanguine et caloricité, le sulfate de quinine agit sur les centres nerveux en y condensant les forces, de telle sorte, qu'il enchaîne les actions organiques, sources de dépenses, et réduit autant que possible l'appel sanguin dans les parties phlogosées ; » après avoir établi ce mode d'emploi, M. Gubler conclut à sa parfaite innocence dans la production du rhumatisme cérébral.

M. Vigla a, du reste, lui-même constaté l'injection constante du cerveau dans ces cas ; ce qui légitime cette dernière proposition du résumé donné par M. Gubler sur l'action du sel quinique : « Bien plus, l'emploi de ce sel est indiqué dans toutes les formes inflammatoires du rhumatisme, l'opium ne convenant que dans les troubles purement nerveux, exempts même de complication fébrile. » De tout ceci, il ressort pour l'auteur que je viens de citer, que l'opium et le sulfate de quinine sont incompatibles, et qu'ils sont réciproquement antidotes l'un de l'autre.

Belladone. — La belladone augmente aussi la tension, d'une façon moins énergique cependant que la digitale et le sulfate de quinine.

Moins que ces médicaments, mais comme eux, elle abaisse le tracé. Contrairement à ce que pourrait faire attendre cette augmentation de tension, elle ne paraît pas diminuer la fréquence du pouls ; l'augmentation de fréquence serait peut-être même l'expression de la vérité.

Les injections sous-cutanées de sulfate d'atropine m'ont paru agir avec plus de rapidité et plus sûrement que la belladone prise à l'intérieur.

Dans ce dernier cas, et cela tient aussi à ce que, la médication étant prolongée, on observe plus longtemps, son action est extrêmement fugace, ainsi que le fait voir ce tracé.

Lorsque, comme ici, on commence par 1 ou 2 centigrammes, la tension augmente le premier jour (tracé n° 19); elle diminue le deuxième jour et les jours suivants (tracé n° 20), sans pour cela s'abaisser au minimum précédant le traitement.

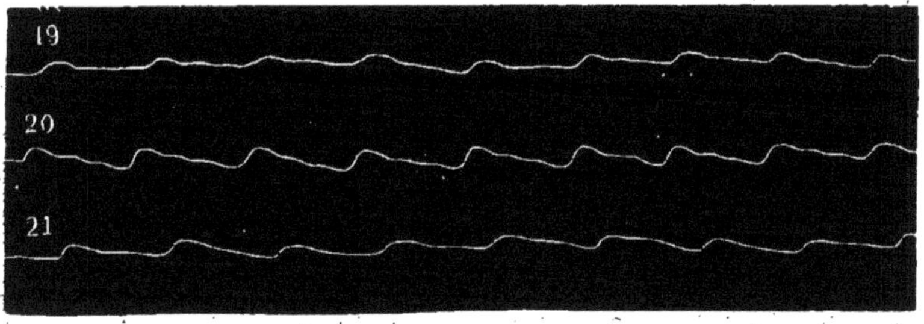

Vient-on à augmenter la dose, la tension augmente encore (tracé n° 21), pour baisser les jours suivants. La même série d'augmentations saccadées dans la pression se reproduit ainsi à chaque nouvelle dose, pour décroître ensuite.

C'est donc ici surtout qu'il importe de tenir compte des variations, surtout relatives, dans la lecture du tracé.

Il en ressort pour la pratique l'indication d'augmenter chaque jour la dose, si l'on veut obtenir une augmentation constante de la tension.

De ce que je viens de dire de ce médicament et des conclusions précédemment énoncées au sujet de l'opium ressort donc, pour moi, l'antagonisme parfait de ces deux médicaments. Les faits publiés par Benjamin Bell, MM. Béhier, Blondeau, Constantin Paul, ne laissent d'ailleurs pas de doute à cet égard. Cette action contracturante de la balladone sur les petits vaisseaux explique son action dans la réduction des hernies étranglées : c'est en anémiant la partie étranglée, en réduisant son volume qu'elle agit. Le froid, le taxis, n'interviennent pas autrement.

Au moment de terminer ce travail, j'apprends que mon excellent collègue, M. Meuriot, a été conduit par des expériences différentes à des conclusions analogues aux miennes, au sujet de l'augmentation de la tension sous l'influence de la belladone.

Acide arsénieux. Je n'aurai que peu de chose à dire de ce médicament. Je ne possède d'ailleurs, relativement à son

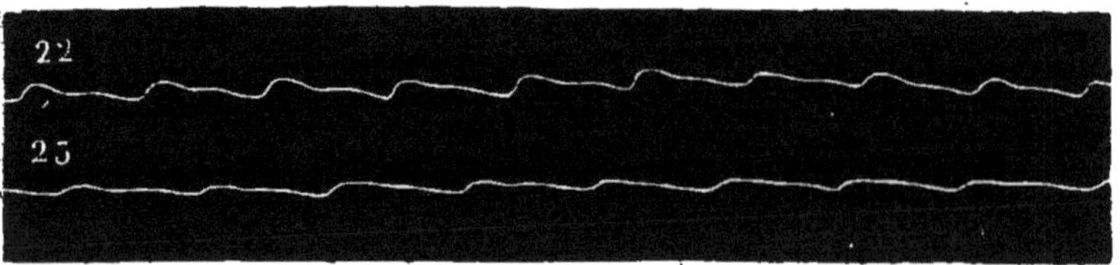

influence sur la tension, qu'une seule observation sphygmographique. La simple inspection du tracé suffit pour indiquer son action. La comparaison du tracé pris sur le malade avant l'usage de l'acide arsénieux (tracé n° 22), avec les tracés consécutifs à l'absorption de 1 milligramme et plus tard 2 milligrammes du médicament, fait lire l'augmentation de la tension (tracé n° 23) avec légère accoutumance au bout de trois jours.

N'est-ce pas pour utiliser, d'une façon inconsciente, les propriétés de l'acide arsénieux sur la tension que les paysans de la basse Autriche ont l'habitude, au récit de Tschudi, de faire usage de cette substance pour faciliter l'ascension des hautes montagnes ? — Il se peut que la diminution de tension sanguine, qui résulte de la diminution de la pression atmosphérique, soit favorablement combattue par l'influence inverse de l'acide arsénieux. M. Delioux de Savignac dit de ce médicament que, véritable protée, il est tour à tour hyposthénisant, excitant, tonique, stimulant, névrosthénique ou altérant. Mais qu'on prenne garde que, sans nier la multiplicité d'action de ce médicament, on peut dire que c'est l'organisme qui, surtout, est protéiforme. Ce sont les malades qui, n'étant pas tous trouvés au même niveau par le médicament, sorte de force toujours égale à elle-même, ne peuvent pas être conduits par lui au même point. Il est évident que le sulfate de quinine, la saignée, si l'on veut, ne produiront pas les mêmes effets chez le pléthorique à la face turgescente, ou chez la chlorotique avec anémie cérébrale ; la saignée, par exemple, sera presque un excitant pour le premier, elle affaiblira singulièrement la seconde. Dira-t-on que la saignée est tantôt un excitant, tantôt un débilitant ? — Je crois que ceci peut s'appliquer non-seulement à l'arsenic, mais à un grand nombre de médicaments qu'on a dotés souvent de propriétés opposées, tandis qu'ils n'ont en réalité qu'une résultante unique appliquée à des organismes variables.

Les propriétés galvanisantes de l'arsenic sur le système nerveux vaso-moteur, l'ont fait employer comme succédané du sulfate de quinine, par MM. Maillot, Bernier de Sarreguemines, Fuster de Montpellier, Girbal, Boudin, Cahen; il a été souvent employé contre les congestions locales par MM. Gubler, Millet de Tours, Cahen, par Bretonneau, par Trousseau; contre les hémorrhagies, par Henri Hunt, Burns. Les propriétés opposées à celles de l'opium ont été utilisées sur lui-même par M. Cahen : il avait pris, dans un but expérimental, 10 milligrammes d'acide arsénieux en une dose. Un ensemble de phénomènes qu'il compare à ceux du mal de mer n'avaient pas tardé à se produire : froid aux extrémités, petitesse du pouls, etc......; il prit 30 gouttes de laudanum de Sydenham, et « le lendemain matin, dit-il, ni l'arsenic, ni l'opium n'avaient laissé de traces de leur influence. »

Ergot de seigle. J'en dirai autant de l'ergot de seigle ; 50 centigrammes de cette substance ont considérable-

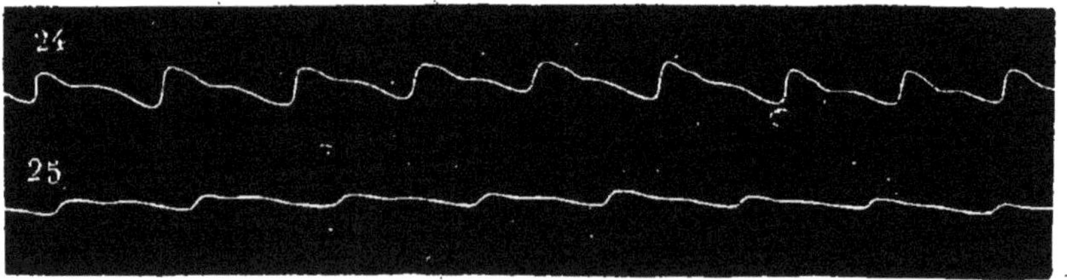

ment augmenté la tension, qui était revenue le lendemain matin à son point de départ (tracé n° 24, avant), (tracé n° 25, après).

Cette action de l'ergot de seigle sur la tension explique un grand nombre des accidents développés sous l'influence de l'ergotisme, qui frappe parfois des populations entières. M. Meier, de Kronstadt, nous a laissé la relation d'une épidémie de ce genre, qui a sévi en 1857 dans son pays. Sur 283 personnes frappées, 98 moururent.

Il a constaté chez ses malades : des nausées, des vomissements, de la diarrhée, des fourmillements, des crampes, une grande dilatation pupillaire, une teinte bleuâtre des ongles et un abaissement considérable de la température ; parfois du délire. — Ne sont-ce pas là tous les phénomènes de l'algidité, de la contracture des petits vaisseaux ?

Les jeunes gens lui ont paru plus sujets à cet empoisonnement que les vieillards ; on sait que les crampes sont plus fréquentes et plus intenses, dans le choléra, chez les gens jeunes et bien musclés, que chez les vieillards dont les muscles sont moins vigoureux. — Il y a là sans doute une analogie de cause expliquée par la diminution de la contractilité des muscles lisses et striés dans la vieillesse, — c'est, sans doute, à titre de provocateur de la contraction des muscles que l'ergot de seigle agit sur l'utérus. Il n'y a donc pas là une action élective, ainsi que l'a fait remarquer M. Gubler.

Tartre stibié. — Le tartre stibié agit encore en déterminant la contraction des petits vaisseaux. Tout le monde connaît les phénomènes désignés sous le nom fort juste de choléra stibié. Au sphygmographe on constate également une augmentation extrêmement considérable de la tension ; l'anémie qu'il détermine dans tous les organes, cerveau et autres, peut être assez considérable dans le viscère que je viens de nommer pour produire le délire.

OBSERVATION IX.

Au n° 17 de la salle Sainte-Adélaïde, à l'hôpital Saint-Antoine, était couchée une femme d'une cinquante d'années, présentant tous les signes de la tuberculisation pulmonaire. Un jour que j'étais de garde, cette malade est prise d'une hémoptysie des plus abondantes.

Je prescris : tartre stibié, 0,10.

Quelques vomissements surviennent en très-petit nombre et peu abondants, l'hémorrhagie s'arrête; mais la femme, environ une demi-heure après la dernière prise du médicament, devient en proie à un délire gai ; en même temps, la pupille subit un élargissement considérable.

Une heure après, sans aucun traitement, le cerveau de cette malade avait repris ses fonctions normales.

Froid. — A cette liste des agents qui galvanisent le système vaso-moteur, je dois ajouter d'abord : le froid. « C'est le plus puissant des sédatifs, » a dit Trousseau. Drake (de New-York) a signalé la petitesse du pouls à la suite des inhalations d'air froid. Mais son effet est variable suivant l'organisme auquel il s'adresse : c'est ainsi que chez les gens vigoureux la douche froide peut en dernière analyse amener l'augmentation des phénomènes calorifiques.

Waller appliquant de la glace à 0° sur le trajet du nerf cubital, constata d'abord une hyperesthésie, analogue ici à celle que produit le sinapisme, par paralysie vaso-motrice. Mais telle n'est pas l'action finale, l'action, en un mot, du froid prolongé; l'anesthésie ne tarda pas à survenir. Du côté de la contractilité musculaire, il observa la même succession : l'excitabilité apparut d'abord, puis vint la cessation de la contractilité. Brown-Séquard a même observé, à propos du froid, un phénomène réflexe assez curieux : plongeant la main gauche dans la glace, il vit la température de la main droite baisser, en même temps que survenait la pâleur. C'est à ses propriétés anémiantes que le froid doit d'être employé à l'extérieur dans la hernie étranglée et à l'intérieur dans le traitement de l'iléus. Il agit sur les nerfs vaso-moteurs comme sur les autres filets musculaires du grand sympathique.

M. Banabé, auteur d'une thèse sur les propriétés thérapeutiques du froid, cite l'exemple de je ne sais quel duc de Ferrare, atteint d'une constipation opiniâtre, qui ne pouvait aller à la garde-robe qu'après avoir fait une petite promenade les pieds nus, sur du marbre. « Le froid, dit M. Guérard, appliqué sur nos tissus, détermine un resserment des petits vaisseaux. »

Faisant allusion à cetté loi posée par Broussais de l'équibre qui s'établit toujours entre la stimulation exagérée d'un organe et l'asthénie d'un autre, M. Lacorbière donne l'exagération fonctionnelle de la muqueuse gastro-intestinale, comme un corollaire du refroidissement périphérique déterminé par l'influence du froid.

Pression atmosphérique.—Après le froid je mentionnerai l'augmentation de la pression atmosphérique, comme agissant dans le même sens. Il est vrai qu'on a moins souvent la faculté de la voir varier dans cette direction, qu'on n'a, dans les montagnes, celle de la voir diminuer. Mais, ne peut-on pas se demander, si ce n'est pas à la faculté qu'ont la plupart des poissons de se maintenir à une pression constante par des mouvements d'ascension ou de descente dans la masse d'eau qu'ils habitent, que ces animaux doivent le développement inférieur de leur système grand sympathique signalé par tous les naturalistes et rappelé par M. Sappey dans son traité d'anatomie ?

Quoique à des degrés différents, tous ces agents, dont l'action est opposée à celle de l'opium, diminuent le calibre des petits vaisseaux, dilatent la pupille contractée par l'opium.

Ils galvanisent donc les filets supérieurs du ganglion cervial supérieur, au même titre que les filets vaso-moteurs généraux. Ils agissent comme la galvanisation réelle du filet supérieur du ganglion cervical dans l'expérience de Kuyper.

Leur action réfrigérante est d'ailleurs conforme aux connaissances acquises sur la galvanisation du grand sympathique, et le sphygmographe n'a d'autre mérite que de confirmer ce que la physiologie et la clinique faisaient déjà prévoir.

RÉSUMÉ

I. Relativement à l'élévation du tracé : Les recherches sphygmographiques des modifications apportées par les médicaments dans la tension artérielle ne sont probantes qu'à la condition que la pression du levier ait été constante pour chaque malade au moins.

II. Relativement à la lecture du tracé : Le sommet de la pulsation peut se former en plateau dans deux cas opposés : *paralysie* absolue ou *tétanie* énergique des parois artérielles.

Dans le premier cas, assimilable à une membrane inerte; dans le second cas, comparable à une paroi rigide, la paroi artérielle est, dans l'un et l'autre cas, incapable de transformer en un mouvement modifié et prolongé l'action saccadée du cœur.

III. La paralysie vaso-motrice avec abaissement de la tension, élévation de la température, accélération du pouls, contraction de la pupille, augmentation du calibre des vaisseaux, s'observe à la suite de l'administration de l'*opium* et dans le *sommeil naturel*, et sous l'influence de la *chaleur* ainsi que de la *diminution de la pression atmosphérique*.

IV. La galvanisation du vaso-moteur, avec élévation de la tension, abaissement de la température et ralentissement du pouls, dans le plus grand nombre des cas; dilatation de la pupille et diminution du calibre des vaisseaux, s'observe à la suite de l'administration de : *digitale, sulfate de quinine, belladone, acide arsénieux, ergot de seigle, tartre stibié*, et sous l'influence du *froid* ainsi que de l'*augmentation de pression atmosphérique*.

V. 1° A haute dose, la digitale paraît agir primitivement sur le cœur, dont elle modifie le rhythme. Elle produit au sphygmographe des séries ternaires de pulsations, chacune formée d'une longue et de deux brèves, qui peut se scander à la manière d'un dactyle (— ∪ ∪) (Gubler);

2° A faible dose, la digitale paraît agir primitivement sur les vaisseaux. La digitale s'accumule dans l'organisme; elle prolonge ses effets bien au delà de son administration au malade.

VI. L'action du sulfate de quinine est rapide, constante; elle croît proportionnellement à la dose, et s'arrête avec la cessation du traitement.

VII. La belladone a une action très-fugace. Plus que pour tout autre médicament, la dose a besoin d'être souvent augmentée pour produire un effet constant sur la tension. Son action sur la fréquence du pouls n'est pas en rapport avec son action sur la tension.

VIII. L'acide arsénieux et l'ergot de seigle agissent, au point de vue de la tension, dans le même sens que la digitale, le sulfate de quinine et la belladone.

Arrivé au terme de ce travail, si je jette les yeux en arrière sur le chemin que j'ai parcouru, je crois y trouver un nombre de faits suffisant pour légitimer l'importance que j'ai cherché à donner à l'union de la physiolo gie expérimentale avec la clinique, véritables bases de toute médecine rationnelle. J'y vois aussi, à coup sûr, bien des faits, qui, demandant la confirmation du temps et de l'expérience, auraient eu besoin, pour leur défense, d'une autre plume que la mienne ; je vois bien des hypothèses; mais je pense avec l'auteur d'une dissertation inaugurale sur ce même sujet, M. Barel de Pontèves, que les hypothèses sont à la science, « ce que le crédit est à la richesse ; » et si cette opinion avait besoin d'une confirmation, elle la trouverait dans ces vers de Lucrèce :

Et si ratio non potuerit dissolvere causam
Cur ea, quæ fuerint juxtam quadrata, procul sint
Visa rotunda, tamen præstat rationis egentem
Reddere mendose causas utriusque figuræ
Quam manibus manifesta suis emittere quæquam.

(Liv. IV.)

BIBLIOGRAPHIE

Axenfeld. Traité des névroses.

Axmann. Anatomie microscopique et physiologie du système nerveux ganglionnaire.

Arnold Julius. Sur le rapport intime des éléments du tissu nerveux dans le grand sympathique des grenouilles.

Baerensprung. Annales de la charité. Krankenhauses, t. XI, 1863.

Barrel de Pontèves. Nerfs vaso-moteurs. Thèse de doctorat. 1864.

Béclard. Traité de physiologie.

Becquet. Du délire d'inanition. Archives, 1866.

Béhier. Article Alcool. Dictionnaire encyclopédique.

Cl. Bernard. Recherches sur le grand sympathique. Gazette médicale, 1854.

Id. Leçons sur le système nerveux.

Id. Liquide de l'organisme.

Id. Recherches sur la température animale. Comptes-rendus de l'Académie des sciences. 1856.

Id. Leçons sur les effets des substances toxiques et médicamenteuses. 1857.

Besnier. Choléra. Thèse 1867.

Bichat. Recherches sur la vie et la mort.

Bordeu. Œuvres complètes.

Bouchut. Diagnostic des maladies du système nerveux par l'ophthalmoscope.

Brachet. Système nerveux ganglionnaire. 1837.

Id. Recherches expérimentales sur le système nerveux ganglionnaire. 1830.

Id. Considérations sur le système nerveux ganglionnaire. Journal de médecine de Lyon. 1845.

Broussais. Réflexions sur les fonctions du grand sympathique.

Brown-Séquard. Journal universel des sciences médicales. Comptes-rendus de l'Académie des sciences, t. XII. 1819.

Büchner. Force et matière.

Budge. Archiv für Physiologie heilkunde. 1852.
Id. Des rapports du ganglion cervical supérieur avec l'iris. Medecinisch Vereins Zeitung. 1852.
Id. Influence des ganglions semi-lunaires sur l'intestin. Comptes-rendus de l'Académie des sciences. 1856.

Cahen. Névroses vaso-motrices.

Chauveau. Comptes-rendus de l'Académie des sciences. 1861.

Cyon et *Ludwig.* Académie des sciences de Saxe. 1862.

Delioux de Savignac. Article *Arsenic* du Dictionnaire encyclopédique.

Desnos. Etat fébrile. Thèse d'agrégation. 1866.

Duclos (de Tours). De l'emploi de la digitale dans le traitement de la pneumonie.

Duméril, Demarquay et *Leconte.* De la température sous l'influence des agents thérapeutiques.

Erlenmeyer. Wiener medicinische Wochenschrift. 1866.

Estor et *Saint-Pierre.* De la rougeur des tissus inflammatoires. 1866.
Id. Du fonctionnement de la rate.

Gaulejac (de). Pansement des plaies par l'alcool.

Gavarret. Chaleur animale.

Genouville. Goître exophthalmique. Archiv. 1865.

Giacomini. Traité de matière médicale.

Graves. Clinique.

Gubler. De la rougeur des pommettes comme signe d'inflammation pulmonaire. 1857.
Id. Commentaires thérapeutiques du Codex. 1868.
Id. Article Albuminurie du Dictionnaire encyclopédique.
Id. Cours de pathologie générale professé à l'Ecole. 1858-59 (inédit).
Id. Epistaxis utérines. 1863.
Id. Paralysie amiotrophique.

Halles. Hémostatique. Genève, 1744.

Hardy et *Béhier.* Pathologie interne.

Jaccoud. Etude pathogénique et séméiotique de la paralysie et de l'ataxie.

Lacorbière. Traité du froid.

Legras. De l'emploi de l'alcool en thérapeutique.

Legros. Du tissu érectile dans les organes génitaux des mammifères. Journal d'anatomie et de physiologie. — 5e année.

Lemattre. Recherches expérimentales et cliniques sur les alcaloïde de la famille des solanées.

Leudet. Troubles nerveux périphériques. Archives 1864.

Liberali. Annali di med. 1841.

Liebermeister. De la régularisation de la production de chaleur Deutsche Klinik, n° 40. 1859.

Liégeois. Saillie de l'œil. Journal de M. Robin (Ire année).

Longet. Traité de physiologie.

Ludwig et *Spiess.* Comparaison de la température de la salive et du sang de la carotide. Zeitschrift für rationnelle medicin, 3e série, tome II. 1857.

Filippo e Pietro Lussana et Cambrosoli. Su le fuzioni del nervo gran simpatico e su la calorificazione animale. Gaz. medic. italiana. 1857.

Magendie. Gazette médic. de Paris. 1850.

Manz. (*W.*) Verhandl der natur ges zu Freiburg, t. II. — Ganglions nerveux des conduits excréteurs.

Marey. Physiologie médicale de la circulation du sang.

Maurice. De la chaleur dans les fièvres.

Millet (de Tours). Emploi des préparations arsenicales.

Moleschott. Circulation de la vie.

Monneret. Congestion non inflammatoire du foie. Archives 1861.

Id. Hyperémie. Archives 1863.

Moreau (de Tours). Psychologie morbide.

Onimus. Influence de l'électricité sur le grand sympathique. Bulletins de l'Académie des sciences. 1867.

Oulmont. Digitale. Bulletins de l'Académie de médecine. 1867.

Pinel. Nosographie philosophique.

Polaillon. Ganglions nerveux périphériques. Journal de M. Robin (3e année).

Pourfour du Petit. Académie des sciences. 1727.

Rapou. Traité de la méthode fumigatoire.

Raynaud. Gangrène symétrique.

Id. Révulsion.

Roudanowski. Structure du tissu nerveux. Journal de M. Robin (2e année).

Samuel. Die Trophischen nerven ein betrag zur Phisiologie and Pathologie. Leipzig. 1860.

Sappey. Anatomie.

Schiff. Académie des sciences. 1862.
Id. Glycogénie animale. Journal de M. Robin (3e année).

Soudry. Migraine.

Stricker. Recherches histologiques sur la genèse et la structure des capillaires.

Trousseau. Clinique.

Vander Beke Callenfels. Influence des nerfs vaso-moteurs sur la circulation et la température animale. Reitschrift für rationelle Medicin, t. VII. 1856.

Veikard. Eclaircissement et confirmation du nouveau système de médecine de Brown.

Ware (John), (de Boston). Med. and surg. journal. 1838.

Weber (Hermann). On delirium on acuty insanity during the decline of acute diseases.

Vulpian. Cours du Muséum.

Zambaco. Gangrène par perturbation nerveuse.

Zengerle. Fribourg, 1855. De l'influence du système nerveux sur la digestion, la formation et la déformation des tissus, et sur la chaleur animale.

TABLE DES MATIÈRES

A. PARENT, imprimeur de la Faculté de Médecine, rue Mr-le-Prince, 31.

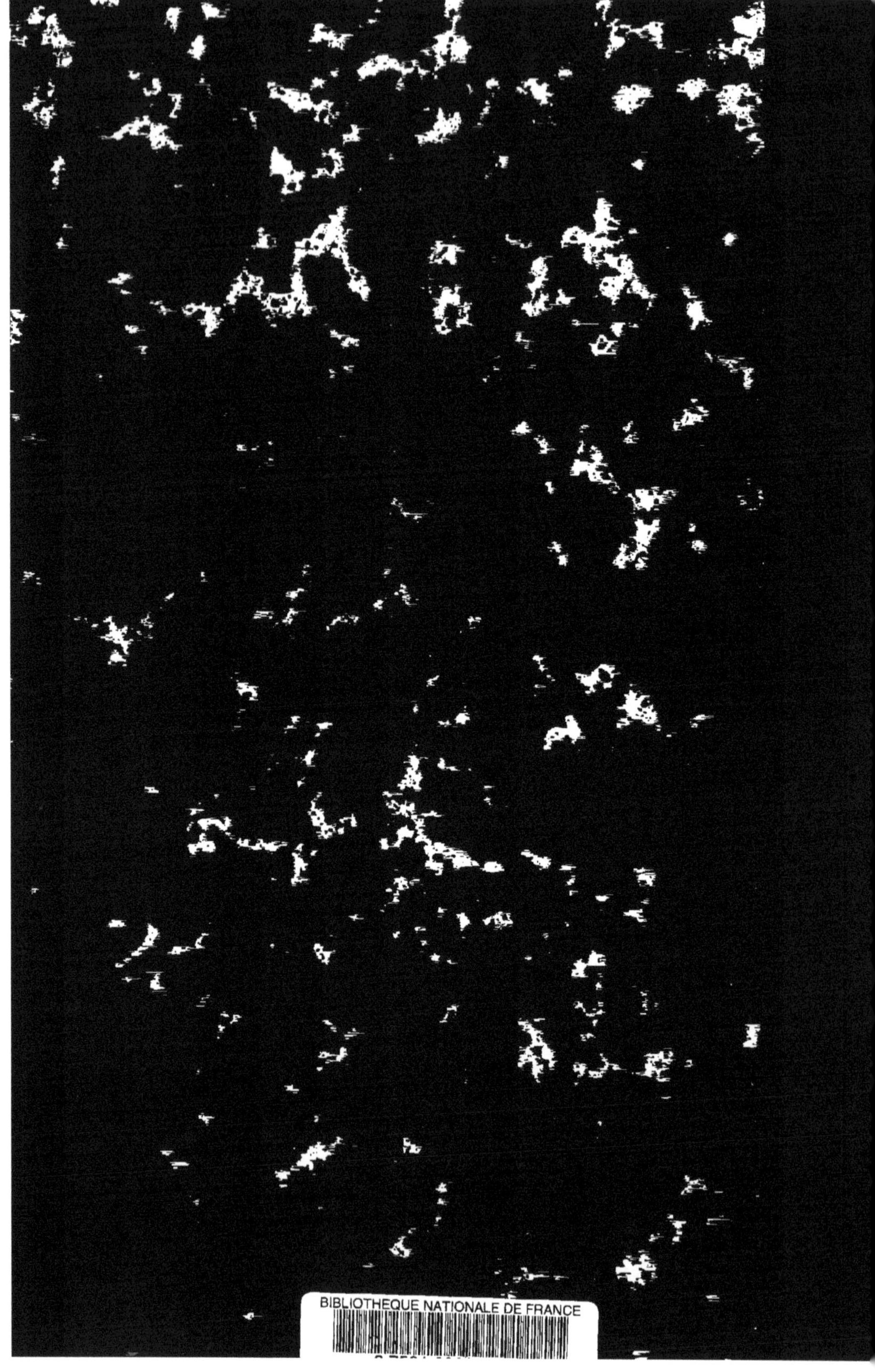

www.ingramcontent.com/pod-product-compliance
Ingram Content Group UK Ltd.
Pitfield, Milton Keynes, MK11 3LW, UK
UKHW021107200726
13857UKWH00003B/1130

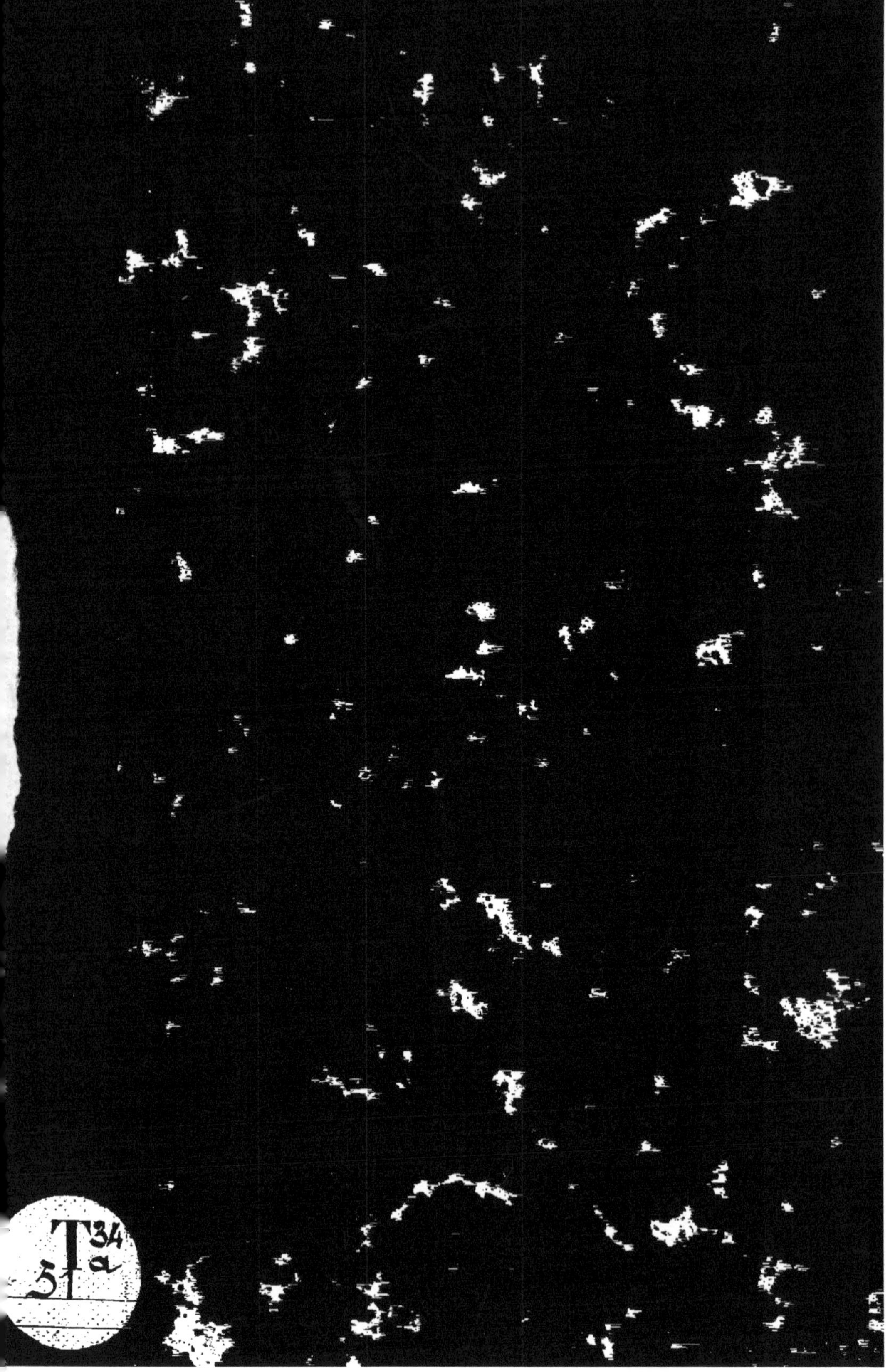